C. Iulius Caesar

De Gallis Britannis Germanis

Berichte über Land und Leute

bearbeitet von Meinhard-Wilhelm Schulz

Ernst Klett Verlag

Stuttgart Düsseldorf Leipzig

Altsprachliche Texte – Blaue Reihe
Themen, Werke, Autoren der lateinischen Literatur

Officina – Diese Marke tragen Textausgaben der „Blauen Reihe", die zur erleichterten Lektüre eingerichtet sind.

C. Iulius Caesar
De Gallis Britannis Germanis
Berichte über Land und Leute
Auswahl aus den *Commentarii de bello Gallico*

Bearbeitet und kommentiert von Meinhard-Wilhelm Schulz
Beratende Mitarbeit am begleitenden Lesebuch: Allan A. Lund

Umschlagabbildung: Keltische Gottheit. Reliefplatte von einem Kessel für den Kultgebrauch, 1. Jahrhundert v. Chr.; getriebenes Kupfer, versilbert (gefunden in Gundestrup, Jütland [Dänemark]; Kopenhagen, Nationalmuseum)
Bildquellen: Umschlagabb., Abb. S. 25 und 34: AKG, Berlin ● Abb. S. 5: Bildarchiv Preußischer Kulturbesitz ● Abb. S. 17: nach: G. Körte, I rilievi delle urne etrusche Bd. 3, Berlin 1926 ● Abb. S. 37: nicht ermittelt ● Abb. S. 42: Hirmer, München

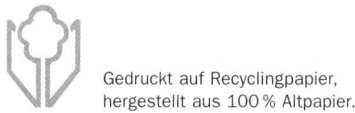

Gedruckt auf Recyclingpapier,
hergestellt aus 100 % Altpapier.

1. Auflage   A 1   5   4   3   2   1 | 2002   2001   2000   99   98

Alle Drucke dieser Auflage können im Unterricht nebeneinander benutzt werden, sie sind untereinander unverändert. Die letzte Zahl bezeichnet das Jahr dieses Druckes.
© Ernst Klett Verlag GmbH, Stuttgart 1998.
Internetadresse: http://www.klett.de
Alle Rechte vorbehalten.
Umschlag: nach einem Entwurf von Neil McBeath, Kornwestheim
Satz: Steffen Hahn GmbH, Kornwestheim
Druck: Offsetdruck Schäuble, Stuttgart
ISBN 3-12-671700-4

Einleitung

Caesar – der Politiker und Autor

Gaius Iulius Caesar wurde 100 v. Chr. geboren, stammte aus einer der ältesten Adelsfamilien Roms und begann mit gut 30 Jahren seine **politische Laufbahn**. Insbesondere gelang es ihm im Jahr 65 als Quaestor, die Spiele für die Massen Roms so prächtig auszurichten, dass er überall populär wurde. Im Jahre 60 schloss sich dieser Führer der Massen mit Pompeius, dem bedeutendsten Feldherrn, und Crassus, dem reichsten Mann Roms, zum Triumvirat ("Dreimännerbund") zusammen. Diese bestimmten nun im Zusammenspiel die Politik Roms, und so begann Caesars steile Karriere: 59 wurde er Konsul, 58 Prokonsul und zugleich Statthalter über Illyrien (heute etwa: kroatische Adriaküste) und das römische Gallien: die Poebene und die Gallia Narbonensis, etwa die heutige Provence. In den folgenden sieben Jahren (59–52) unterwarf er das Gebiet zwischen Atlantik, Rhein, Alpen und Pyrenäen, das er *Gallia* nannte. In den Jahren 55/54 segelte er sogar zweimal nach Britannien hinüber, ohne sich dort allerdings dauerhaft behaupten zu können.

Caesar war sich dessen bewusst, dass ihm seine **Gegner** nach dem Gallischen Krieg in Rom den Prozess machen würden: Das Recht war im Bürgerkrieg aus den Fugen geraten, und Caesar hatte zahlreiche eigenmächtige Entscheidungen getroffen. Außerdem musste er damit rechnen, dass seine Gegner vor Gericht besser vertreten waren. Denn Crassus war in der Zwischenzeit beim Kampf gegen die iranischen Parther umgekommen: Er war in der glühenden Hitze des Orient mit Fußtruppen gegen die iranischen Reiter vorgegangen! Durch seinen Tod war das Triumvirat beendet, und Pompeius versuchte nun, mit Hilfe des Senates Caesar zu entmachten. Dabei übersah er, dass dieser in den sieben Jahren des Gallischen Krieges zu einer überragenden Feldherrngestalt gewachsen war, dem Pompeius jetzt mindestens ebenbürtig. Caesar setzte alles auf eine Karte, überschritt das Flüsslein Rubico, das seine Provinz von Italien trennte, und eröffnete den Bürgerkrieg, der ihn über Italien, Spanien, dann Griechenland, Ägypten und Nordafrika in einer Kette von glänzenden Siegen zur Alleinherrschaft trug. Caesar nahm den Titel "Diktator" an und wäre am liebsten von den Römern zum König ausgerufen worden. Doch schon seine nur vage in dieser Richtung geäußerten Pläne stießen auf heftigste Ablehnung unter den Anhängern der Senatspartei und der alten Republik. Eine Gruppe von Verschwörern formierte sich, darunter der von Caesar wie ein Sohn geliebte *Brutus*. Am 15. März 44 erlag Caesar ihren Dolchen.

Warum war er trotz deutlicher Warnungen zur Audienz gegangen? Warum hatte er keine Leibwache mitgenommen? Vielleicht lässt es sich so erklären: Nach den unglaublichen Strapazen der sieben Jahre des Gallischen Krieges und nach weiteren fünf Jahren Bürgerkrieg war der schmächtige Mann, der zudem unter Epilepsie litt, ausgemergelt und am Ende seiner Kräfte. Vielleicht war es ihm gleichgültig, was geschah …

Mit ihm gingen aber auch seine letzten Pläne zu Grabe: die Unterwerfung der Parther im Osten, d. h. Ausdehnung des Reiches bis nach Persien; die Unterwerfung der Germanen. Jede von beiden Aufgaben wäre an **Größe** dem Gallischen Krieg vergleichbar gewesen. Vielleicht hat es Fortuna gut mit ihm gemeint: Caesar starb mit dem Nimbus der Unbesiegbarkeit. Sein einstiger Kollege und dann Gegner im Bürgerkrieg, Pompeius (genannt "Magnus"), verlor nur eine einzige Schlacht: die bei Pharsalos gegen Caesar! Und als er nach Ägypten geflohen war, ließ man ihm dort den Kopf abschlagen, statt ihn zu seinen noch ungeschlagenen Kontingenten nach Nordafrika zu geleiten. Wäre Pompeius nur *ein* Jahr zuvor eines natürlichen Todes gestorben, wüssten die Historiker bis heute nicht, wer größer war, Pompeius oder Caesar.

In einem Punkt freilich war Caesar unbestritten der größte: Seine Werke über den Gallischen Krieg und den Bürgerkrieg *(Commentarii de Bello Gallico / de Bello Civili)* zeigen den bedeutenden General als begnadeten **Schriftsteller** und Stilisten. Hätte Caesar als *Literat* so besessen gearbeitet wie für Politik und Militär, müsste sein Zeitgenosse Marcus Tullius Cicero ernsthaft um den Lorbeer des ersten Schriftstellers in Rom fürchten.

Caesar starb übrigens, ohne einen Sohn als Erben zu haben. Daran ändert auch nichts, dass in Gerüchten behauptet wurde, der Sohn der jungen ägyptischen Königin Kleopatra sei von ihm; dieser wurde nämlich nach dem Tode des Diktators vorsichtshalber umgebracht. **Das Erbe** trat aber sein Großneffe Gaius Octavius an. Caesar hatte ihn testamentarisch adoptiert. Darauf nannte sich der junge Mann *Caesar Octavianus*. Es dauerte aber noch bis zum Jahre 31 v. Chr., bis sich Octavianus gegen alle Feinde durchgesetzt hatte und Alleinherrscher wurde. Octavianus vermied den Fehler seines Onkels und ließ die ausgehöhlte Hülle der Republik bestehen. Da er aber der alleinige Befehlshaber der Armee war und ihm die reichsten Provinzen (z. B. das eroberte Ägypten als Privatbesitz) gehörten oder seiner Verwaltung direkt unterstanden, hatte er keinen Königstitel nötig: Alle Politik ging (oft genug indirekt) durch seine Hände. Seit ihm der Senat den Titel *Augustus* („der Erhabene") angetragen hatte, nannte er sich *Caesar* (sprich: Kaïsar) *Augustus*. Mit ihm beginnt die römische Kaiserzeit, der (ungewollt) *Iulius Caesar* den Namen gegeben hatte.

Zum Aufbau dieses Leseheftes

In acht Kapiteln wird hier Caesars berühmte Darstellung des Gallischen Krieges wiedergegeben. Dabei geht es weniger um die kriegerischen Auseinandersetzungen. Vielmehr stehen das „völkerkundliche" Element und Caesars Absicht, seinen Krieg zu begründen und zu rechtfertigen, im Mittelpunkt. Caesar ist nämlich der älteste (erhaltene) Autor, der verhältnismäßig ausführlich über Britannen, Gallier und Germanen berichtet. Diese Kommentarien erscheinen uns bedeutsamer als die Schilderungen seiner größten Schlachten.

Diese Auswahl wird als durchgängig **lateinischer Text** angeboten, der nicht durch deutsche Überleitungen und Zwischentexte zerrissen ist. Dabei ist am *kursiven Druck* leicht ersichtlich, welche Stellen *nicht* von Caesar stammen. Außerdem wurde sein Originaltext gelegentlich behutsam gekürzt, natürlich in der Absicht, die Schul-Lektüre flüssiger zu gestalten. Buch-, Kapitel- und Paragraphenzahlen wurden überall beibehalten, so dass es ein Leichtes ist, im Zweifel das Original einzusehen. Insbesondere die Kapitel 7 und 8 sind „synthetisch" aus Originalstücken hergestellt, als hätte Caesar Kommentarien verfasst wie: „Die brandgefährlichen germanischen Reiter" oder „Die germanischen Reiter als Retter in der Not".

Der dem Text beigefügte **Kommentar** dient zum raschen Übersetzen. Er enthält alle Vokabeln, die über den Grundwortschatz hinausgehen.

Im Anhang findet sich ein **Leseteil** mit einem erzählenden Kommentar parallel zum jeweiligen Kapitel. Hier werden auch weiterführende Zweittexte eingefügt. Antike Autoren sind in der Regel vom Herausgeber in eigener freier Übersetzung wiedergegeben.

Abb.: Porträt Caesars, aus grünem Basalt; ägyptische Arbeit, vermutlich um 44 v. Chr. (Pergamon-Museum, Berlin)

Inhalt

Caput primum:
De gentibus Galliae. De bello Helvetico

Gaius Iulius **Caesar** *libros „De Bello Gallico" incipit referens de gentibus Galliae, imprimis de* **Belgis** *et* **Helvetiis**:

De partibus Galliae

1,1

(1) Gallia est omnis divisa in partes tres; quarum unam incolunt Belgae, aliam Aquitani, tertiam ii, qui ipsorum linguā Celtae, nostrā Galli appellantur. (2) Hi omnes linguā, institutis, legibus inter se differunt. Gallos ab Aquitanis Garunna flumen, a Belgis Mâtrona et Sequana dividit.

De Belgis atque Helvetiis, fortissimis Gallorum

(3) Horum omnium fortissimi sunt Belgae, propterea quod a cultu atque humanitate provinciae nostrae longissimē absunt *et quod* minimē ad eos mercatores saepe commeant atque ea, quae ad effeminandos animos pertinent, important, *et quod* proximi sunt Germanis, qui trans Rhenum incolunt, quibuscum continenter bellum gerunt. (4) Quā de causā Helvetii quoque reliquos Gallos virtute praecedunt, quod ferē cottidianis proeliis cum Germanis contendunt: aut suis finibus eos prohibent aut ipsi in eorum finibus bellum gerunt.

De situ Galliae

(5) *Ea* pars, quam Gallos obtinere dictum est, initium capit a flumine Rhodano, continetur Garunnā flumine,

---

1,1 ▓▓▓▓ **(1) Gallia:** Gallien, *ein römischer (!) Begriff; s. Karte DE 5* ● **Belgae** *(Pl.):* die Belger, *ein Stamm in NO-Gallien; nach ihnen wurde der 1830/1 gegründete Staat benannt (aus Flamen, Wallonen und Deutschen)* ● **Aquītānī** *(Pl.):* die Aquitanier, *ein Stamm, s. Karte* ● **Celtae – Gallī** *(Pl.):* die Kelten – Gallier, *Stammesnamen, s. Karte DE 4, E-G 2* **(2) Garunna – Mātrona – Sēquana:** *Namen der heutigen Flüsse Garonne, Marne und Seine, s. Karte* ● **(3) prōvincia:** die p. Narbonensis, *das damals bereits römische Gallien im heutigen Frankreich, das vom Mittelmeer bis an den Genfer See reichte; vgl. heute: Provence* ● **Sb et quod ...:** et quod

minimē saepe ad eos (= ad Belgas) commeant mercātōres atque important ea, quae ● **mercātor:** Kaufmann ● **commeāre:** „kommen" ● **effēmināre:** verweichlichen *(von fēmina!)* ● **Germānī** *(Pl.):* die Germanen, *ein bis heute umstrittener Begriff; wahrscheinlich erst durch Caesar endgültig festgelegt für die rechtsrheinischen Barbaren* ● **continenter:** ständig **(4) Helvētiī** *(Pl.):* die Helvetier *(s. Karte HI 3); an ihren Namen knüpft die moderne Schweiz seit 1847 an und heißt offiziell: Confoederatio Helvetica (CH)* ● **prae-cēdere:** übertreffen **(5) continēre** *(hier):* begrenzen ●

Oceano, finibus Belgarum, attingit etiam ab Sequanis et Helvetiis flumen Rhenum, vergit ad septentriones. (6) Belgae ab extremis Galliae finibus oriuntur, pertinent ad inferiorem partem fluminis Rheni, spectant in septentrionem et orientem solem. (7) Aquitania a Garunnā flumine ad Pyrenaeos montes et eam partem Oceani, quae est ad Hispaniam, pertinet; spectat inter occasum solis et septentriones.

De Belli Helvetici rebus gestis (paucis verbis)

Caesar nunc de **Bello Helvetico** *refert: Helvetii omnia oppida et cunctos vicos incenderunt et spē reditūs sublatā patriam in Alpium montibus sitam reliquerunt et mediam in Galliam invaserunt. Caesar autem narrat se ab aliis Gallis auxilio vocatum esse. Helvetiis tandem victis atque multis milibus hominum necatis Caesar haec facere constituit:*

Caesar refert, cur Helvetii a se in patriam remissi sint

1,28

(3) Helvetios in fines suos, unde erant profecti, reverti iussit et, quod omnibus frugibus amissis domi nihil erat, quo famem tolerarent, Allobrogibus imperavit, ut iis frumenti copiam facerent. *Helvetios* ipsos oppida vicosque, quos incenderant, restituere iussit. (4) Id eā maximē ratione fecit, quod noluit eum locum, unde Helvetii discesserant, vacare, ne propter bonitatem agrorum Germani, qui trans Rhenum incolunt, *ex* suis finibus in Helvetiorum fines transirent et finitimi Galliae provinciae Allobrogibusque essent.

ab Sēquanīs: an der Flanke der Sequaner; **Sēquanī** *(Pl.)*: *s. Karte GH 3* ● **vergere**: sich erstrecken *(geographisch)* ● **septentriōnēs** *(Pl.)*: Norden („die sieben Pflugochsen", *ein Sternbild = Großer Bär*) **(6) orīrī ab** *(hier)*: beginnen bei ● **īnferior**: unterhalb ● **spectāre** *(hier)*: sich in eine (bestimmte) Richtung erstrecken ● **oriēns sōl**: (Sonnenaufgang:) Osten **(7) Aquītānia**: Aquitanien *(s. o. § 1*: Aquitānī*)* ● **Pyrēnaeī montēs**: die Pyrenäen ● **Hispānia**: Hispanien, *heute „Spanien" und Portugal* ●

spectāre: *s. § 6* ● **occāsus sōlis**: (Sonnenuntergang:) Westen
1,28 ▨▨▨ **(3) frūgēs** *(Pl.)*: Feldfrüchte, Lebensmittel ● **famēs**, is f.: Hunger ● **Allobrogēs**: die Allobroger, *ein gallischer Stamm an der Rhône und dem Genfer See. Die Allobroger waren schon vor Caesars Gallischem Krieg von Rom unterworfen.* **(4) vacāre**: leer sein, leer stehen ● **bonitās**: Güte, hohe Qualität *(vgl. bonus)*

Caput secundum: De bello Suebico ac Belgico

Bello Helvetico finito Caesar a Gallis certior factus est Suebos Ariovisto duce Rhenum transisse et mediam in Galliam penetravisse. De Germanis autem horribilia atque mirabilia audivit. Iam legionarios Romanos maximus terror occupavit:

De horribili facie Germanorum

1,39

(1) Ex percontatione nostrorum vocibusque Gallorum ac mercatorum, qui ingenti magnitudine corporum Germanos, incredibili virtute atque exercitatione in armis esse praedicabant – saepe enim sese cum his congressos esse et ne vultum quidem atque aciem oculorum dicebant ferre potuisse –, tantus subito timor omnem exercitum occupavit, ut non mediocriter omnium mentes animosque perturbaret.

De Ariovisto, rege Germanorum

Caesar magnā legionariorum formidine tandem sublatā colloquium cum Ariovisto, duce Sueborum, habet: Ambo affirmant se prius in Galliam venisse. Ariovistus dicit Galliam esse Germanorum – Galliam esse Romanorum Caesar respondet. Itaque imperatores infectā rē discedunt. Tum proelio acriter pugnatur. Tandem Romani vincunt. Multi Germani interficiuntur, reliqui ad Rhenum fugiunt. Ibi multi, qui natare non possunt, Rheni fluctibus devorantur. Reliqui trans Rhenum in patriam redeunt.

De Belgis

Primo belli Gallici anno Caesar vicit et Helvetios et Suebos. Sed iam capite primo commentariorum belli Gallici dixerat (1,1,3):

Gallorum omnium fortissimi sunt Belgae, propterea quod a cultu atque humanitate provinciae *Romanae* longissimē absunt *et quod* minimē ad eos mercatores saepe commeant

---

(Überleitung) **Suēbī** *(Pl.)*: die Sueben, *der größte Stammesverband in Germanien; hat zahlreiche Einzelstämme* ● **penetrare** + *Akk.*: eindringen in/nach ● **Ariovistus**: *Name eines Suebenführers* ● **horribilis**, e: entsetzlich (*vgl.* horror) ● **mīrābilis**, e: erstaunlich (*vgl.* mirari) **1,39,1** ▬▬▬ *wird im Leseteil zu Kap. 2, unten S. 45 analysiert.*

(Überleitung) **formīdō**, dinis f.: Furcht ● **ambō**: beide ● **affirmāre**: versichern, fest behaupten ● **infectā rē**: unverrichteter Dinge, umsonst ● **natāre**: schwimmen ● **dēvorāre**: verschlingen **1,1,3** *s. o. in Kapitel 1*

9

atque ea, quae ad effeminandos animos pertinent, important, *et quod* proximi sunt Germanis, qui trans Rhenum incolunt, quibuscumque continenter bellum gerunt.

Nunc Caesar de Belgis cetera addit, cur tantā fortitudine sint. Galli Caesari enim haec rettulerunt:

2,4

(2) Plerosque Belgas esse ortos a Germanis Rhenumque antiquitus traductos propter loci fertilitatem ibi consedisse Gallosque, qui ea loca incolerent, expulisse. *Belgas* solos esse, qui patrum memoriā Teutonos Cimbrosque intra suos fines ingredi prohibuerint. (3) Quā ex re fieri, ut earum rerum memoriā magnam sibi auctoritatem in re militariā sumerent.

De Nerviis, fortissimis Belgarum

2,15

Caesar deinde ab Ambianis certior factus est de Nerviis: (3) Quorum de naturā moribusque cum *Caesar* quaereret, sic reperiebat: (4) Nullum esse aditum ad eos mercatoribus. Nihil pati vini reliquarumque rerum ad luxuriam pertinentium inferri, quod his rebus relanguescere animos eorum virtutemque remitti existimarent; (5) esse homines magnae virtutis. Increpitare atque incusare reliquos Belgas, qui se populo Romano dedissent patriamque virtutem proiecissent. (6) Confirmare sese neque legatos missuros neque ullam condicionem pacis accepturos *esse*.

Eā de causā Caesari proelio maximo maximoque periculo decertandum est. Tandem Romani vincunt. Quo proelio facto Caesar nunc dominus est totius Galliae.

*Tertio Belli Gallici anno pauci Galli frustrā contra Romanos surgunt. Quarto autem belli anno iterum **Germani** Rhenum transeunt (vide caput tertium).*

2,4 ▨▨▨ **(2) antīquitus** *(Adv.)*: seit alters, schon immer ● **fertilitās**: Fruchtbarkeit (ferre) ● **(patrum) memoriā**: Zeit (der V.) ● **Teutonī – Cimbrī**: *die Teutonen und Kimbern waren germanische Stämme, die um 110 v. Chr. gemeinsam wie eine Sintflut das Römerreich heimsuchten, bis sie sich trennten und erst so von Gaius Marius 102/1 vernichtet werden konnten.* **(3) spīritus**, ūs: Geist, Selbstbewusstsein ● **rēs mīlitāris**: Kriegskunst, Kriegswesen **2,15** ▨▨▨ **(3)** *die* **Nerviī** (Nervier) *lebten östlich der Ambianer, eines belg. Stammes, der sich Caesar unterworfen hatte, im Binnenland,*

s. Karte FG 1 **(4) mercātor**: Kaufmann ● **Sb: quod hīs rebus ... exīstimārent**: *mit diesen Worten wird ein zweifacher A.c.I. eingerahmt:* **relanguēscere animum – virtūtem remittī** *(mit Stilmittel des Chiasmus)* ● **relanguēscere**: erschlaffen **(5) increpitāre**: beschimpfen – **incūsāre**: beschuldigen *(Hendiadyoin)* ● **patriam**: *ist hier Adjektiv* ● **prō-icere**: hinwerfen **(6) cōnfirmāre**: bekräftigen, betonen

(Schluss) **dē-certāre**: um die Entscheidung (alles oder nichts) kämpfen

Caput tertium: De Suebis

Usipetes atque Tenctheri, gentes Germanorum, Rhenum transeunt

4,1 *Caesar nunc refert, quae quarto Belli Gallici anno facta sint:*

(1) Eā hieme Usipetes Germani, item Tenctheri magnā cum multitudine hominum flumen Rhenum transierunt non longē a mari, quo Rhenus influit. (2) Causa transeundi fuit, quod a Suebis complures annos exagitati bello premebantur et agri culturā prohibebantur.

De belli ratione atque agricultura Sueborum

(3) Sueborum gens est longē maxima et bellicosissima Germanorum omnium. (4) Hi centum pagos habere dicuntur, ex quibus quotannis singula milia armatorum bellandi causā suis ex finibus educunt. Reliqui, qui domi manserunt, se atque illos alunt. (5) Hi rursus invicem anno post in armis sunt, illi domi remanent. (6) Sic neque agricultura nec ratio atque usus belli intermittitur.

De Sueborum cultu atque victu

(7) Sed privati ac separati agri apud eos nihil est, neque longius anno remanere uno in loco colendi causā licet. (8) Neque multum frumento, sed maximam partem lacte atque pecore vivunt multumque sunt in venationibus. (9) Quae res et cibi genere et cottidianā exercitatione et libertate vitae, quod a pueris nullo officio aut disciplinā assuefacti nihil omnino contra voluntatem faciunt, et vires alit et immani corporum magnitudine homines efficit. (10) Atque in eam se consuetudinem adduxerunt, ut locis frigidissimis neque vestitūs praeter pelles habeant quicquam, quarum propter exiguitatem magna est corporis pars aperta, et ut laventur in fluminibus.

4,1 ▨ **(1) Usipetēs, Tenctherī** *(Pl.)*: Usipeter und Tenctherer *sind germanische Nachbarstämme am rechten Ufer des Niederrheines* **(2) Suēbī** *(Pl.)*: die Sueben, *der größte Stammesverband in Germanien* ● **exagitāre**: aufjagen, in Unruhe versetzen **(3) bellicōsus**, a, um: kriegerisch *(vgl.* bellum) **(4) pāgus**: Bezirk, Kanton ● **quotannīs**: jedes Jahr (annus) ● **singula mīlia** *(n. Pl.)*: je 1000 Krieger ● **bellāre** oder **bellārī** = bellum gerere ● **domī**: zu Hause (domus) **(5) invicem**: im Wechsel ● **re-manēre**: zurückbleiben **(6) ratiō atque**

ūsus: „Theorie und Praxis" *(wörtlich?)* **(7) sēparātus**, a, um: getrennt, „separat" ● **remanēre**: s. § 5 **(8) lac**, lactis *n.*: Milch ● **vēnātiō**: Jagd **(9) Sb.: quae rēs … alit et efficit** ● **cibus**: Speise ● **assuē-facere**: gewöhnen an ● **immānis**, e: riesig, ungeheuer **(10) frīgidus**, a, um: kalt ● **vestitus**, ūs: Kleidung *(vgl.* vestis) ● **pellis**, is *f.*: Fell ● **exiguitās**: Winzigkeit *(vgl.* exiguus, a, um) ● **apertus**, a, um: *gemeint ist:* nūdus, a, um ● **lavāre**: waschen

4,2

(1) Mercatoribus est aditus magis eo, ut *Suebi*, quae bello ceperint, quibus vendant, habeant, quam quo ullam rem ad se importari desiderent. (2) Quin etiam iumentis, quibus maximē Galli delectantur quaeque impenso parant pretio, Germani importatis non utuntur, sed *ea iumenta*, quae sunt apud eos nata – parva atque deformia – haec cottidianā exercitatione, summi ut sint laboris, efficiunt.

De equestribus Sueborum proeliis

(3) Equestribus proeliis saepe ex equis desiliunt ac pedibus proeliantur. Equos eodem remanere vestigio assuefaciunt, ad quos se celeriter, cum usus est, recipiunt. (4) Neque eorum moribus turpius quicquam aut inertius habetur quam ephippiis uti. (5a) Itaque ad quemvis numerum ephippiatorum equitum quamvis pauci adire audent.

Caesar iam primo libro Belli Gallici de equitatu Sueborum paucis verbis haec rettulerat: (1,48,5) Genus hoc erat pugnae, quo se Germani exercuerant: Equitum milia erant sex, totidem numero pedites velocissimi ac fortissimi, quos *equites* singuli singulos suae salutis causā delegerant. (6) Cum his in proeliis versabantur, ad hos se equites recipiebant. Hi, si quid erat durius, concurrebant. (7) Si qui *eques* graviore vulnere accepto equo deciderat, *pedites eum* circumsistebant. Si quo longius prodeundum aut celerius recipiendum *erat*, tanta erat horum celeritas, ut iubis equorum sublevati cursum *equitum* adaequarent.

4,2 / **(1) mercātor**: Kaufmann ● **quae**: ea quae ● **eō ... quō** = eā causā; **Sb**: Mercātōribus est aditus magis eō,
   ut,
        quae bellō cēperint,
       quibus vendant (ea),
     (hominēs) habeant,
quam quō ...
(2) quīn etiam: ja sogar ● **iūmentum**: Zugtier, *damals meist Ochsen* ● **Sb**: **iūmentīs ... Germ. importātīs nōn utuntur** ● **impēnsus**, a, um: teuer ● **parant**: *etwa wie* emunt ● **dēformis**, e: hässlich ● **haec** (n. Pl.) setzt **quae** *fort* ● **summī labōris esse** *bedeutet:* summum (maximum) labōrem

tolerāre **(3) equester**, tris, tre: beritten, Reiter- ● **dē-silīre**: herabspringen (*vgl.* salīre) ● **proeliārī**: kämpfen (*vgl.* proelium) ● **re-manēre**: zurückbleiben ● **eōdem ... vestīgiō** eōdem locō ● **assuē-facere**: gewöhnen ● **ūsus est** ~ opus est **(4) iners**, ertis: träge, ungeschickt ● **ephippium** *(griechisch)*: Pferdedecke, Sattel **(5) quīvīs**: jeder beliebige ● **eques ephippiātus**: ? ● **quamvīs**: obwohl, obgleich **1,48** **(5) totidem** *(undeklinierbar)*: ebenso viele ● **vēlōx**, ōcis: schnell **(7) dē-cidere**: herunterfallen (*vgl.* cadere) ● **circum-sistere**: umringen ● **prōd-īre**: vorrücken (prō + īre) ● **celeritās**: Schnelligkeit ● **iuba**: Mähne ● **sublevāre**: emporheben, (auf-)stützen ● **ad-aequāre**: gleichmachen, angleichen

Septimo belli anno Caesar, ne ab equitibus Gallorum vincere-tur, (7,65,4) legatos trans Rhenum in Germaniam mittit equitesque arcessit et pedites, qui inter eos proeliari con-sueverant.

De vino importando. De vastis circum Suebos regionibus

Nunc autem redeamus ad librum quartum Belli Gallici:

4,2/3

(5b) *Suebi* vinum ad se omnino importari non patiuntur, quod eā re ad laborem ferendum remollescere homines atque effeminari arbitrantur.

(1) Publicē maximam putant esse laudem quam latissimē a suis finibus vacare agros. Hac re significari magnum numerum civitatum suam vim sustinere non potuisse. **(2)** Itaque unā ex parte ab Suebis circiter milia passuum sescenta agri vacare dicuntur.

De Ubiis

(3) Ad alteram partem succedunt Ubii, quorum fuit civitas ampla atque florens, ut est captus Germanorum. Et paulo quam eiusdem generis ceteri sunt humaniores, propterea quod Rhenum attingunt multumque ad eos mercatores ventitant et quod ipsi propter propinquitatem Gallicis sunt moribus assuefacti. **(4)** Hos cum Suebi multis saepe bellis experti propter amplitudinem gravitatemque civitatis fini-bus expellere non potuissent, *eos* tamen vectigales sibi fecerunt.

De equestri proelio cum Germanis

Usipetes autem Tenctherique, postquam Rhenum transierunt, multos Gallos interfecerunt. Caesar Gallis auxilio venire sta-tuit. Primo equestri proelio cum Germanis contendit.

(7,65,4) proeliārī: kämpfen (*vgl.* proelium) **4,2/3** ▓▓▓ **(5b) remollēscere et effē-minārī** *(Hendiadyoin)*: völlig verweichlichen, „abschlaffen"; *der Wein gehört zu* **ea, quae ad effēminandōs animōs pertinet**, *sagt Caesar schon im allerersten Kapitel* **(1) quam** *beim Superlativ*: möglichst, so … wie möglich ● **vacāre**: leer, frei sein **(2) mīlia passuum sescenta**: „Sechshunderttausend Doppel-schritt" = 600 Meilen *oder* ca. 900 km (!) ● **dīcuntur** *(m. N.c.l.)*: „sie sollen …" **(3) Ubiī** *(Pl.)*: Die Ubier *lebten ursprünglich zwischen Main und Lahn (s. Karte I 1), später am linken* Rheinufer *(in der Kölner Gegend)* ● **ut est captus** (ūs *m.*): nach Auffassung von ● **Sb: paulō … hūmāniōres – quam … cēterī** ● **proptereā (quod):** deswegen (weil) ● **mercātor**: Kaufmann ● **ventitāre**: häufig kommen (*vgl.* venīre) ● **propinquitās**: Nähe, Nachbarschaft (*vgl.* propinquus) ● **assuēfacere**: gewöhnen **(4) aliquem bellō experīrī**: jmdn. angreifen *(wörtlich?)* ● **amplitūdō**: Weite, Größe (*vgl.* amplus) ● **vectīgālis, e**: steuer-, abgabenpflichtig

4,12

(1) *Caesari erant quinque milia equitum*, cum ipsi *Germani* non amplius octingentos equites haberent. *Ii* impetu facto celeriter nostros perturbaverunt. (2) Rursus *nostris* resistentibus *Germani* suā consuetudine ad pedes desiluerunt, subfossis equis compluribusque nostris deiectis reliquos in fugam coniecerunt atque ita perterritos egerunt, ut non prius fugā desisterent, quam in conspectum agminis nostri venissent.

Usipetes Tenctherique: de eorum ultimo proelio

4,13/15

(13,1) Hōc proelio facto Caesar non iam sibi legatos *Germanorum* audiendos esse arbitrabatur. *(2ff) Tamen proximo die duces Germanorum in castra Caesaris venerunt pacem petitum. Eos Caesar statim retineri iussit et paulo post Germanos sine ducibus pugnantes vicit.*

(1) Germani armis abiectis, (2) cum ad confluentem Mosae et Rheni pervenissent, reliquā fugā desperatā magnoque *eorum* numero interfecto reliqui se in flumen praecipitaverunt atque ibi vi fluminis oppressi perierunt. (3) Nostri incolumes, perpaucis vulneratis, ex tanti belli timore se in castra receperunt.

Caesar deliberat, utrum sibi pontem trans Rhenum faciendum sit an non

4,16

(1) Germanico bello confecto multis de causis Caesar statuit sibi Rhenum esse transeundum. Quarum *causarum* illa fuit iustissima, quod, cum videret Germanos tam facile impelli, ut in Galliam venirent, suis quoque rebus eos timere voluit: *Germani* intellegerent et posse et audere populi Romani exercitum Rhenum transire. (2) Accessit etiam, quod pars equitatūs Usipetum et Tenctherorum post fugam se trans Rhenum in fines Sugambrorum receperat seque cum his coniunxerat. (3) Ad quos cum Caesar nuntios

---

4,12 ▒▒▒▒ **(1) octingentī**, ae, a: 800 ● **perturbāre**: verwirren, in Unordnung bringen **(2) dē-silīre**: herabspringen ● **sub-fodere**, iō, fōdī, fossum: von unten her abstechen ● **dē-icere**: herabwerfen ● **Sb: prius … quam** = **priusquam**: bevor ● **dē-sistere**: aufhören
4,15 ▒▒▒▒ **(2) cōnfluēns**, entis: Zusammenfluss (con + fluere) ● **Mosa**: Maas, *Nebenfluss des Rheins, s. Karte G 1/2* ● **sē … praecipitāre**: sich … stürzen (prae + caput: kopfüber) **(3) perpaucī**, ae, a: sehr wenige
4,16 ▒▒▒▒ **(1) quārum** *meint* eārum

causārum; **Sb: quārum** (= eārum) **causārum illa** (causa) **fuit iustissima,**
    quod (Caesar)
        cum vidēret *(+ A.c.I.)*
        Germānōs … impellī
           ut in Galliam (= trāns Rhēnum)
           venīrent
        suīs quoque rēbus
        eōs (= Germānōs) **timēre voluit.**
(2) Ūsipetēs et Tenctherī: s. o. 4, 1 ● **Sugambrī** *(Pl.)*: die Sugambrer, *ein Stamm zwischen Lahn und Lippe*

misisset, qui postularent, *ut* eos sibi dederent, responde-
runt *Sugambri*: (4) Populi Romani imperium Rhenum finire. Si *Caesar* Germanos in Galliam transire non aequum
existimaret, cur quicquam trans Rhenum *a Germanis* postu-
laret?!

De Ubiis, Romanorum amicis

(5) Ubii autem – qui uni (i. e. soli) ad Caesarem legatos
miserant et amicitiam fecerant et obsides dederant –
magnopere orabant, ut sibi auxilium ferret, quod graviter
ab Suebis premerentur. (8) Navium magnam copiam ad
transportandum exercitum pollicebantur.

Romanorum exercitus trans Rhenum ducitur

4,18/19

*Caesar autem **pontem** trans Rhenum fieri curavit. Ponte facto
primum exercitus Romanus Rhenum transiit et fines
Sugambrorum invasit*:

(4) At Sugambri fugā comparatā finibus suis excesserant
suaque omnia exportaverant seque in solitudinem ac silvas
abdiderant. (1) Caesar paucos dies in eorum finibus mora-
tus *est atque* omnibus vicis aedificiisque incensis frumen-
tisque succisis se in fines Ubiorum recepit atque his auxilium suum pollicitus *est*, si ab Suebis premerentur. Haec ab
iis cognovit:

De Germania a Caesare non expugnata

(2) Suebos, postquam pontem fieri comperissent, more suo
concilio habito nuntios in omnes partes misisse, uti *omnes
de oppidis demigrarent*, liberos, uxores suaque omnia in
silvis deponerent, atque omnes, qui arma ferre possent,
in unum locum convenirent: (3) Hunc esse medium fere
regionum earum, quas Suebi obtinerent. Hic Romanorum
adventum exspectare atque ibi decertare constituisse.
(4) Quod ubi Caesar comperit, omnibus rebus confectis,
quarum rerum causā exercitum traducere constituerat: ut
Germanis metum iniceret, ut Sugambros ulcisceretur, ut
Ubios liberaret, se in Galliam recepit pontemque rescidit.

4,18/19 ▦ **(4) sōlitūdō**: Einöde, Einsam-
keit ● **sē abdere**: sich verstecken, sich
verbergen **(1) aedificium**: Gebäude ●
suc-cīdere, cīdī, cīsum: abhauen, abschneiden
(2) partēs *meint* regiōnēs ● **dē-migrāre**:
abwandern (*vgl.* ē-migrāre) **(3) dē-certāre**: bis
zur Entscheidung kämpfen **(4) in-icere**: hinein-
werfen ● **ulcīscī**, ultus sum: rächen, strafen ●
re-scindere, scidī, scissum: einreißen

Caput quartum: De Britannis

De Caesaris consilio Britanniae adeundae

4,20

(1) *Tum* exiguā parte aestatis reliquā Caesar in Britanniam proficisci contendit, quod omnibus ferē Gallicis bellis hostibus nostris inde subministrata *esse* auxilia intellegebat, et *quod* (2) magno sibi usui fore arbitrabatur, si insulam adisset, genus hominum perspexisset, loca, portūs, aditūs cognovisset. (3) Quae omnia fere Gallis erant incognita. Neque enim praeter mercatores adit *ad Britannos* quisquam, neque iis ipsis quicquam praeter oram maritimam atque eas regiones, quae sunt contra Galliam, notum est. (4) Itaque vocatis ad se mercatoribus, neque, quanta esset insulae magnitudo neque, quae nationes *insulam* incolerent neque quem usum belli haberent aut quibus institutis uterentur, neque qui essent idonei portus, reperire poterat.

Caesar Britanniam invadit atque cum Britannis pugnat

Tamen Caesar Britanniam invadere statuit atque multas naves comparari iubet. Navibus comparatis legiones in Britanniam traducit remanente maximā parte equitatūs. Equos enim navibus imponere difficillimum est. Frustrā Britanni Caesarem arcere student, et mediā in Britanniā multis pugnis contenditur, Caesare saepe vincente sed Britannos minimē pacante. Britannis enim sunt plures equites celeres. Imprimis essedis pugnantibus Britannis Romani resistere non possunt:

De Britannorum pugna ex essedis

4,33

(1) Genus hoc est ex essedis pugnae: *Britanni* primo per omnes partes perequitant et tela coniciunt atque ipso terrore equorum et strepitu rotarum ordines *hostium* plerum-

---

4,20 **(1) Britannia**: Britannien, *die ganze Insel mit England, Schottland und Wales; Schottland konnte von den Römern nie erobert werden; als im 5. Jh. die Angeln und Sachsen, von Norddeutschland-Dänemark her kommend, eindrangen, flohen etliche Einheimische nach Gallien hinüber in die nach ihnen benannte „Bretagne"* ● *Beachte die Stellung:* **Gallicīs bellīs – hostibus nostrīs** ● **auxilium subministrāre** = auxilium ferre **(2) ūsus**, ūs: Nutzen, Vorteil; **ūsuī esse**: vorteilhaft sein *(wörtlich?)* ● **per-spicere** *(hier)*: erkennen ● **loca, portūs, aditūs**: *dreifacher Akk.*

(3) incōgnitus, a, um: unbekannt, nicht entdeckt *(vgl.* cōgnōscere) ● **Sb: neque enim … quisquam** *(Subjekt)* ● **mercātor**: Kaufmann ● **maritimus**, a, um: Meeres- („maritim") **(4) ūsus** (ūs) **bellī**: Art der Kriegsführung

4,33 **(1) essedum**: Streitwagen, *zweirädrig mit wahrscheinlich zwei Pferden* ● **per-equitāre**: durchreiten, durchfahren ● **equōrum** *ist Gen. obj.* ● **strepitus**, ūs: Lärm, „Rattern" ● **rota**: Rad ● **ōrdō**, dinis *f.*: Kampfreihe ● **plērumque**: meistens ● **turma**: Schwadron, *d. h. Reiterabteilung* ● **īnsinuāre**:

Abb.: Darstellung eines keltischen Kriegers auf zweirädrigem (d. h. leicht zu lenkendem) Streitwagen. (Zeichnung nach einem Sarkophagrelief im Museo Civico, Chiusi)

que perturbant, et cum se inter equitum turmas insinua-
verunt, ex essedis desiliunt et pedibus proeliantur.
(2) Aurigae interim paulum ex proelio excedunt atque ita
currūs collocant, ut, si illi a multitudine hostium preman-
tur, expeditum ad suos receptum habeant. (3) Ita mobilita-
tem equitum, stabilitatem peditum in proeliis praestant.
Usu cottidiano et exercitatione efficiunt, ut in declivi ac
praecipiti loco incitatos equos sustinēre et flectere et per
temonem percurrere et in iugo insistere et inde se in currūs
citissimē recipere consueverint.

eindringen, hineindrängen ● **dē-silīre**: herabspringen ● **proeliārī**: kämpfen *(vgl.* proelium)
(2) aurīga *m.*: Wagenlenker ● **currus**, ūs:
Wagen ● **illī** = iī, quī ex essedīs dēsiliunt ●
expedītus, a, um: leichtbewaffnet(er) ●
ad suōs: *ergänze* **aurīgās** ● **receptus**, ūs:
Rückzug **(3) ita**: ita aurīgae … ● **mōbilitās**:
Beweglichkeit *(vgl. Fremdwörter)* ● **stabilitās**:
Festigkeit, Stehvermögen *(vgl.* stāre; *Fremdwörter)* ● **exercitātiō**: Übung *(vgl.* exercēre) ●
dēclīvis, e: abschüssig ● **incitātus**, a, um:
„galoppierend, daherschießend" *(wörtlich?)* ●
sustinēre (equos): anhalten ● **flectere
(equos)**: wenden ● **tēmō**, ōnis *m.*: Deichsel;
per tēmōnem: auf der *bzw.* über die

Deichsel ● **per-currere**: ? ● **iugum**. das Joch:
*In der Antike legte man den Zugtieren einfach
einen hölzernen Bogen über den Nacken, den
man auf der Unterseite des Halses mit Seilen
befestigte. Bei zwei Zugtieren war es ein
doppelter Bogen, an dessen Mitte die Deichsel
angebracht war, das* iugum. *Durch die Seile
behinderte man aber die Durchblutung (Hals-
schlagader) und Atmung (Luftröhre) und
minderte so die Leistung der Tiere. Erst im Mittelalter steckte man den Kopf des Tieres durch ein
großes gepolstertes Oval, das „Kummet", und
befestigte daran die Deichsel. Ergebnis: deutlich
höhere Zugkraft.* ● **īnsistere**, īnstitī: sich
hinstellen

17

Multis proeliis factis ac tamen insulā nondum expugnatā Caesar statuit in Galliam reverti. Ibi secundum bellum Britannicum praeparat. Novas magis idoneas naves comparari iubet equorum etiam multorum in Britanniam transportandorum causā. Veteres naves reparari iubet. Legionibus traductis iterum multis proeliis contenditur. De moribus autem Britannorum primus omnium scriptorum Caesar haec narrat:

De incolis Britanniae

5,12

(1) Britanniae pars interior ab iis incolitur, quos natos in insulā ipsi memoriā proditum *esse* dicunt. (2) Maritima pars ab iis *incolitur*, qui praedae ac belli inferendi causā ex Belgio transierunt et bello illato ibi remanserunt atque agros colere coeperunt. (3) *In Britanniā* hominum est infinita multitudo. Creberrima aedificia *sunt* ferē Gallicis similia; pecoris numerus ingens. (4) *Britanni* utuntur aut aere, aut nummo aureo, aut taleis ferreis ad certum pondus examinatis pro nummo. (5) Nascitur ibi plumbum album in mediterraneis regionibus, in maritimis ferrum. Sed eius exigua est copia. Aere utuntur importato. Materia cuiusque generis ut in Gallia est, praeter fagum atque abietem. (6) Leporem et gallinam et anserem gustare fas non putant. Haec tamen alunt animi voluptatisque causā.

De natura atque situ insulae

5,13

Loca sunt temperatiora quam in Galliā remissioribus frigoribus. (1) Insula *est* triquetra, cuius unum latus est contra Galliam. Huius lateris alter angulus, qui est ad Cantium, quo ferē omnes ex Galliā naves appelluntur, ad orientem solem, inferior ad meridiem spectat. Hoc latus pertinet circiter milia passuum quingenta. (2) Alterum *latus* vergit ad

---

5,12 (2) **maritimus**: *s. o. 20,3* ● **Belgium**: „Belgien" ● **bellum īnferre**: angreifen ● **re-manēre**: zurückbleiben (3) **īnfīnītus**, a, um: unbegrenzt (*vgl.* fīnis) (4) **nummus**: Münze, Geldstück ● **tālea**: Barren ● **exaumināre**: prüfen, abwägen (*vgl.* exāmen) (5) **plumbum**: Blei („Pb" in der Tafel der Elemente); **plumbum album**: Zinn ● **mediterrāneae regiōnes** sunt regiōnes mediā in īnsulā Britanniā ● **importāre**: ? ● **māteria**: Họlz ● **fāgus**, i f.: Buche; **abiēs**, ētis: Tanne (6) ● **lepus**, oris m.: Hase ● **gallīna**: Huhn ● **ānser**, eris m./f.: „Gans" ● **gustāre**: essen ● **haec**: *ergänze* **animālia** ● **loca**

(n. Pl.) meint hier das Klima (in Britannien) ● **re-missus**, a, um: (locker,) gemäßigt; **remissiōribus frīgōribus** (*Abl. abs.*): weil …
5,13 (1) **triquetrus**, a, um: dreieckig ● **angulus**: Winkel, Ecke ● **Cantium**: (heute) Kent, *Landschaft in Südost-England (s. Karte DE 1)* ● **appellī (nāvēs)**: landen ● **ad orientem sōlem** bzw. **ad merīdiem spectāre**: nach Osten bzw. Süden gerichtet sein, in Richtung Osten bzw. Süden liegen ● **īnferior**: unterhalb ● **mīlia passuum quīngenta**: 500.000 Doppelschritt = 500 Meilen = 750 km (2) **vergere ad**: nach gerichtet sein, in Richtung auf … liegen ●

Hispaniam atque occidentem solem. Quā ex parte est Hibernia insula, dimidio minor, ut existimatur, quam Britannia, sed pari spatio transmissus atque ex Gallia est in Britanniam. (3) In hōc medio cursu est insula, quae appellatur Mona. Complures praeterea minores obiectae insulae existimantur. De quibus insulis nonnulli *auctores* scripserunt dies triginta sub brumam esse noctem. (4) Nos nihil de eo reperiebamus, nisi *quod aestate noctes in Britanniā* breviores esse quam in continenti noctes videbamus. (5) Huius est longitudo lateris septingentorum milium. (6) Tertium *latus* est contra septentriones. Cui parti nulla est obiecta terra, sed eius angulus lateris maxime ad Germaniam spectat. Hoc milia passuum octingenta in longitudinem esse existimatur. (7) Ita omnis insula est in circuitu vicies centum milium passuum.

De Britannorum cultura

5,14

(1) Ex omnibus *Britannis* longē sunt humanissimi, qui Cantium incolunt, quae regio est maritima omnis, neque multum a Gallicā differunt consuetudine. (2) Interiores plerique frumenta non serunt, sed lacte et carne vivunt, pellibusque sunt vestiti. Omnes vero se Britanni vitro inficiunt, quod caeruleum efficit colorem, atque hōc horribiliores sunt in pugna aspectu. (3) Capillo sunt promisso atque omni parte corporis rasa praeter caput et labrum superius.

Hispānia: „Spanien" (mit Portugal) ● **sōl occidēns**: untergehende Sonne = Westen ● **Hibernia**: „Irland" ● **dīmidium**: Hälfte ● **trānsmissus**: die Überfahrt ● **Sb: parī spatiō … atque** (wie) **(3) cursus**, ūs *(hier)*: Weg, Strecke ● **Mona**: *Name, heute die Insel Anglesey, auch keltisch* „Ynys Mōn" *genannt (vor Wales)* ● **obiectus, a, um**: vorgelagert ● **brūma**: Wintersonnenwende **(4) continens**: das Festland **(5) huius … lateris**: *vgl.* § 1 ● **longitūdō**: Länge *(vgl.* longus) ● **septingenta mīlia (passuum)**: 700 Meilen, über 1000 km. **(6) septentriōnēs** *(Pl.)*: Norden („die sieben Pflugochsen", *ein Sternbild = Großer Bär)* ● **mīlia passuum octingenta**: 800 Meilen = 1200 km ● **longitūdō**: s. o. § 4 ● **obiectus, a, um**: entgegenliegend, gegenüber

liegend ● **angulus**: Winkel, Ecke **(7) circuitus**, ūs: Umfang ● **viciēs centum mīlium passuum**: 20 x 100.000 Doppelschritt = 2.000 Meilen = 3.000 km *(im Atlas überprüfen)* **5,14** ▓▓▓ **(1) Cantium**: s. 13,1 ● **maritimus**: Meeres- **(2) interiōrēs**: Leute im Landesinnern ● **serere**, sēvī, satum: säen, pflanzen ● **lac**, lactis *n.*: Milch ● **carō**, carnis *n.*: Fleisch ● **vitrum**: „Waidfarbe"; *dazu* s. *Leseteil S. 49:* „Blaue Gesellen" ● **(vitrō sē) īn-ficere**: färben ● **caeruleus, a, um**: (himmel-)blau *(vgl.* caelum) ● **horribilis, e**: grausig, entsetzlich *(vgl.* horror) ● **aspectus**, ūs: Anblick *(vgl.* aspicere) **(3) capillus promissus**: langes, ungeschnittenes Haar ● **rādere**, rāsī, rāsum: „rasieren" ● **praeter caput**: s. capillī ● **labrum**: Lippe

(4) Uxores habent deni duodenique *viri* inter se commu-
nes, et maximē fratres cum fratribus, parentesque cum libe-
ris. (5) Sed *ii*, qui sunt ex iis *mulieribus* nati, eorum habentur liberi, quo primum virgo quaeque deducta est.

His verbis Caesar descriptionem morum Britannorum finit.

De Cassivellauno, duce Britannorum

5,22/23

*Tum Caesar de multis cum Britannis proeliis duce quodam
Cassivellauno refert: Compluribus pugnis Cassivellaunus victus
tandem* (3) legatos de deditione ad Caesarem mittit.
(4) Caesar, cum constituisset hiemare in continenti propter
repentinos Galliae motūs, obsides imperat, et quid vecti-
galis populo Romano Britannia penderet, constituit.
(1) Obsidibus acceptis exercitum reducit ad mare, *legiones
naves conscendere iubet* (6) omnesque incolumes naves *in
Galliam* perducit.

De novis seditionibus totius Galliae

5,24 ss.

(24,1) *Ibi Caesar* coactus est aliter ac superioribus annis
legiones in plures civitates *in hiberna* distribuere, *ne Galli
seditiones facerent.* (26,1) *Tamen* diebus circiter quindecim,
quibus in hiberna ventum est, initium repentini tumultūs
ac defectionis ortum est. *Ambiorix, clarus Gallorum dux,
dixit*: (27,5) *Hoc* esse Galliae commune consilium:
Omnibus hibernis Caesaris oppugnandis esse dictum
diem, ne qua legio alteri legioni subsidio venire posset.
(8) *Ceterum* magnam manum Germanorum conductam
Rhenum transisse. Hanc adfore biduo.

Galli Caesare absente unam Romanorum legionem vincunt.
(37,7) Pauci ex proelio elapsi incertis itineribus per silvas

---

(4) dēnī, ae, a – **duodēnī**, ae, a: je zehn (*vgl.*
decem) – je zwölf (*vgl.* duodecim): *in unserem
Beispiel:* **dēnī** (*maskulin*); **duodēnī**
(*maskulin*), d. h. jeweils 10–12 Männer:
uxōrēs: *Akk. Pl., d. h. jeweils 10–12 Männer
teilen sich in der „Gruppenehe" ebenso viele
Gattinnen; dazu im Leseteil S. 50: „Ehe bei den
Britannen"*
(Überleitung) dēscrīptiō: Beschreibung ●
fīnīre: beenden
5,22 **(3) dēditiō**: Übergabe (*vgl.* dēdere)
(4) hiemāre: überwintern (*vgl.* hiems) ●
cōntinēns: Festland ● **repentīnus**, a, um:

plötzlich (*vgl.* repente) ● **mōtus**, ūs *(hier)*:
Aufstand ● **vectīgal**, alis *n.*: Steuer ●
pendere, pependī, pēnsum: zahlen
5,24 ss. ss. = et sequentes **(1) aliter ac**:
anders als ● **in plūrēs** = in multōs ● **hīberna**,
ōrum: Winterlager (*vgl.* hiems; hiemāre) ●
distribuere, uī, ūtum: verteilen ● **sēditiō**:
Aufstand **(26,1) repentīnus**: *s.* 22,4 ●
hīberna: *s.* 24,1 ● **dēfectiō**: Abfall, Verrat
(*vgl.* deficere) **(27,8) con-dūcere**: mieten,
gegen Bezahlung einstellen ● **bīduum**: zwei
Tage (*vgl.* dies) **(37,7) ē-lābī**: entkommen ●

ad Titum Labienum legatum in hiberna perveniunt atque eum de rebus gestis certiorem faciunt.

Hōc in loco Caesar commentarios de Bello Gallico intermittit atque de moribus Gallorum ac Germanorum refert:

Caput quintum: De Gallorum moribus

De factionibus Gallorum

6,11

(2) In Galliā non solum in omnibus civitatibus atque in omnibus pagis partibusque, sed paene etiam in singulis domibus factiones sunt, earumque factionum sunt principes, (3) qui summam auctoritatem eorum iudicio habere existimantur, quorum ad arbitrium iudiciumque summa omnium rerum consiliorumque redeat. (4) Idque eius rei causā antiquitus institutum *esse* videtur, ne quis ex plebe contra potentiorem auxilii egeret. Suos enim quisque opprimi et circumveniri non patitur neque, si aliter faciat, ullam inter suos habet auctoritatem.

De Haeduis atque Sequanis

6,12

(5) Haec eadem ratio est in summā totius Galliae: Nam omnes civitates divisae sunt in duas partes. (1) Cum Caesar in Galliam venit, alterius factionis principes erant Haedui, alterius Sequani. (2) Hi cum per se minus valerent, Germanos atque Ariovistum sibi adiunxerant. (3) Proeliis vero compluribus factis secundis atque omni nobilitate Haeduorum interfectā tantum potentiā antecesserant, (4) ut magnam partem clientium ab Haeduis ad se traducerent obsidesque ab iis principum filios acciperent, et *ut*

---

lēgātus: „General" *oder* Kommandant; *Labienus war Caesars stellvertretender General* **6,11** ▨ **(2) pāgus**: Kanton, Bezirk **(3) exīstimāre**: glauben, halten für; **Sb: qui s. a. habēre … exīstimantur**: N.c.I. ● **arbitrium**: Urteil, Entscheidung, Ermessen *(vgl. arbitrārī)*; **arbitrium iūdiciumque**: *Stilfigur des Hendiadyoin* ● **redīre** *(bedeutet hier)*: zurückverwiesen werden *(wörtlich?)* **(4) antiquitus** *(Adv.)*: seit alters, schon immer *(vgl. antīquus)* ● **suī**: die eigenen Leute ● **opprimī et circumvenīrī**: *Stilfigur des Hendiadyoin* ● **Sb: ūllam … auctōritātem** *(gesperrter Ausdruck)* **(5) ratiō** *(hier)*: politische Struktur

6,12 ▨ **(1) factiōnis**: *der Bericht über die politischen Strukturen wird mit Angaben über das Parteiwesen fortgesetzt* **(2) Ariovistus**: *Name des schon aus Buch I bekannten Suebenfürsten* **(3) tantum**: so weit, so sehr ● **antecēdere**: vorangehen, übertreffen **(4) clientēs** *(m./f.Pl.)*: Schutzbefohlene, Anhängerschaft, *ein typisch römischer Begriff: Der „Schutzherr" (patrōnus) leitet seine Stellung von Zahl und Bedeutung seiner Anhänger* (cliēns, *Plural* clientēs = „Gehorchende") *ab. Beide Seiten sind in der „clientēla" organisiert: Der Patronus unterstützt die Klienten materiell, sie ihn politisch.* ●

eos publice iurare cogerent nihil se contra Sequanos consilii inituros, et *ut* partem finitimi agri per vim occupatam possiderent Galliaeque totius principatum obtinerent.

Caesar Haeduis auxilio venit

(5) Quā necessitate adductus Diviciacus auxilii petendi causā Romam ad senatum profectus infectā re redierat. (6) Adventu Caesaris facta *est* commutatio rerum obsidibus Haeduis redditis, veteribus clientelis restitutis, novis per Caesarem comparatis. *Nam* ii, qui se ad eorum amicitiam aggregaverant, (7) meliore condicione atque aequiore imperio se uti videbant. *Sic* Sequani principatum dimiserant. In eorum locum Remi successerant. Quos quod adaequare apud Caesarem gratiā intellegebatur, ii, qui propter veteres inimicitias nullo modo cum Haeduis coniungi poterant, se Remis in clientelam dicabant. (8) Hos illi diligenter tuebantur. Ita novam et repente collectam auctoritatem tenebant. (9) Eo tum statu res erat, ut longe principes haberentur Haedui, secundum locum Remi obtinerent.

De sacerdotibus, equitibus, plebe Gallorum

6,13

(1) In omni Galliā eorum hominum, qui aliquo sunt numero atque honore, genera sunt duo. Nam plebs paene servorum habetur loco, quae nihil audet per se, nulli adhibetur consilio. (2) Plerique cum aut aere alieno aut magnitudine tributorum aut iniuriā potentiorum premuntur, se in servitutem dicant. Nobilibus in hos eadem omnia sunt iura, quae *sunt* dominis in servos. (3) Sed de his duobus generibus alterum est druidum, alterum equitum.

pūblicē: öffentlich, von Staats wegen ● **Sb**: nihil ... **cōnsiliī** = nūllum cōnsilium; **cōnsilium in-īre**: einen/den Plan fassen ● **possidēre** *(hier)*: behalten ● **prīncipātus**, ūs: Führung, führende Position *(vgl.* prīnceps*)* **(5) Dīviciācus**: *Name eines Häduerfürsten* ● **īnfectā rē**: unverrichteter Dinge, erfolglos **(6) commūtātiō rērum**: Änderung der politischen Lage *(vgl.* mūtāre*)* ● **clientēla**: Anhängerschaft; *s. o. zu § 4* ● **sē aggregāre**: sich anschließen *(vgl.* grex: Herde*)* **(7) Sb**: **quōs quod** ... **intellegēbātur** = quod intellegebātur eōs *(gemeint:* Remōs*)* adaequāre apud Caesarem gratiā, ... ● **ūtī** *(mit Abl.; hier)*: haben, leben unter ● **prīncipātus**: *s. o. § 5* ● **Rēmī**: die Remer *(gallischer Stamm, s. Karte*

FG 2) ● **adaequāre** = aequāre ● **inimīcitia**: Feindschaft (amīcitia / amīcus <–> inimīcitia / inimīcus) ● **sē** alicui **in clientēlam dare**: sich unter jmds. Schutz stellen ● **sē dicāre**: sich für ... erklären **(9) rēs** *(hier)*: politische Lage **6,13** **(1) numerus atque honor**: „Rang und Ansehen" ● **plēbs**: das einfache Volk *(vgl.* plēre: füllen: „füllende Menge"*)* **(2) tribūtum**: Steuer, Abgabe ● **sē dicāre**: *s. o. zu 12,7* **(3) genus** *(hier)*: politische Gruppe ● **druidēs** *(oder* druidae*)*: die Druiden, *d. h. die gallischen Priester; ein latinisiertes gallisches Wort* ● **equitēs**, tum: die Ritter; *Caesar benutzt römische Begriffe: In Rom sind die „equitēs" nach dem Senat die zweite Klasse.*

(4) Illi rebus divinis intersunt, sacrificia publica ac privata procurant, religiones interpretantur. Ad hos magnus adulescentium numerus disciplinae causā concurrit, magnoque hi sunt apud eos honore. (5) Nam ferē de omnibus controversiis publicis privatisque constituunt, et si quod est facinus admissum, si caedes facta, si de heriditate, de finibus controversia est, iidem decernunt, praemia poenasque constituunt. (6) Si qui aut privatus aut populus eorum decreto non stetit, sacrificiis interdicunt. Haec poena apud eos est gravissima. (7) Quibus ita est interdictum, hi numero impiorum ac sceleratorum habentur: His omnes decedunt, aditum eorum sermonemque fugiunt, ne quid ex contagione incommodi accipiant; neque his ius redditur, neque honos ullus communicatur.

De summo druidum

(8) His autem omnibus druidibus praeest unus, qui summam inter eos habet auctoritatem. (9) Hōc mortuo *is* succedit, qui ex reliquis excellit dignitate. Si sunt *com*plures pares, suffragio druidum legitur. Nonnumquam etiam armis de principatu contendunt. (10) *Druides* certo anni tempore in finibus Carnutum, quae regio totius Galliae media habetur, considunt in loco consecrato. Huc undique omnes, qui controversias habent, conveniunt eorumque decretis iudiciisque parent.

De druidum disciplina

(11) Disciplina *druidum* in Britannia reperta atque inde in Galliam translata *esse* existimatur. (12) Et*iam* nunc *ii*, qui

---

(4) sacrificium: Opfer (*vgl.* sacer) ● **prōcūrāre**: sorgen für, sich kümmern um (*vgl.* cūrāre) ● **religiōnēs**: „religöse Fragen und Angelegenheiten"; **religiōnēs interpretarī**: die Religion auslegen, erklären, deuten ● **apud eōs** (*wohl gemeint*): bei den übrigen Galliern **(5) nam** (*ergänze*): druidēs ● **facinus admittere**: ein Verbrechen begehen ● **hērēditās**: Erbschaft ● **iīdem** (*gemeint*): die Druiden **(6) (dēcrētō) stāre**: festhalten an, folgen, gehorchen ● **inter-dīcere** alicui aliquā rē: jmdm. etwas untersagen, verbieten **(7) scelerātus**, a, um: entweiht, gotteslästerlich ● **Sb**: **nē quid** ... **incommodī**; *Stilfigur*

des Hyperbaton, d. h. „Hinüberwurf", der Ausdruck ist „gesperrt" ● **contāgiō**: Berührung, Ansteckung, „Kontakt" ● **incommodum**: Nachteil ● **iūs reddere**: Recht sprechen, „das Recht, auf das man Anspruch hat, geben" ● **commūnicārī**: zuteil werden (*vgl.* commūnis) **(9) excellere**: herausragen ● **suffrāgium**: Abstimmung ● **nōnnumquam**: manchmal ● **prīncipātus**, ūs: Führung **(10) Carnutēs**: die Karnuten, *ein gallischer Stamm an der Loire; s. Karte E 2/3* ● **cōnsecrātus**, a, um: geheiligt (*vgl.* sacer) **(11) existimātur**: *mit N.c.I.*

6,14 diligentius eam rem cognoscere volunt, plerumque illo discendi causā proficiscuntur. **(1)** Druides a bello abesse consueverunt neque tributa unā cum reliquis pendunt. Omnium rerum habent immunitatem. **(2)** Tantis excitati praemiis et suā sponte multi in disciplinam conveniunt et a parentibus mittuntur. **(3)** Magnum ibi numerum versuum ediscere dicuntur. Itaque nonnulli annos vicenos in disciplinā permanent. Neque fas esse existimant ea litteris mandare. (In reliquis rebus, publicis privatisque, Graecis utuntur litteris.) **(4)** Id mihi duabus de causis instituisse videntur: Neque in vulgus disciplinam efferri *volunt*, neque eos, qui discunt, minus memoriae studere. *Nam fere plerisque* accidit, ut praesidio litterarum diligentiam in perdiscendo ac memoriam remittant.

Caesar refert, quae druides discant

(5) Imprimis hoc volunt persuadere: Non interire animas, sed ab aliis post mortem transire ad alios. *Gallos* hōc maxime ad virtutem excitari putant metu mortis neglecto. **(6)** *Druides* multa praeterea de sideribus atque eorum motu, de mundi ac terrarum magnitudine, de rerum naturā, de deorum immortalium vi ac potestate disputant et iuventuti tradunt.

De Gallorum equitibus

6,15 **(1)** *De equitibus Caesar paucis verbis refert:* Alterum genus est equitum. Hi, cum aliquod bellum incidit, quod ante Caesaris adventum quotannīs ferē accidere solebat, omnes in bello versantur. **(2)** Atque *is eques* eorum, qui est genere copiisque amplissimus, plurimos circum se ambactos clientesque habet. Hanc unam gratiam potentiamque novērunt.

---

(12) illō *(Adv.):* dorthin
6,14 **(1) tribūtum**: Steuer, Abgabe ●
pendere *(in Geldangelegenheiten)*: zahlen ●
immūnitās: „Immunität", *d. h. Befreiung von Leistungen und Abgaben aller Art (vgl.* mūnus, eris *n.*: Verpflichtung), *ein europäisches Adelsprivileg bis ins 18. Jh. hinein* **(3) versus**, ūs: „Vers", (Gedicht-)Zeile ● **ē-discere**: auswendig lernen ● **Sb**: **ibi** (multī iuvenēs) ... **dīcuntur** *(N.c.I.)* ● **per-manēre**: dabei bleiben, ausharren ● **neque fās esse**: „gegen den

Willen der Götter sein;" *d. h.* **nefās**, eine Gottlosigkeit sein **(4) Sb**: **id** (druidēs) ... **īnstituisse videntur** *(N.c.I.)* ● **per-discere**: wie ē-discere *in § 3* **(5) alius** ... **alius**: der eine ... der andere **(6) sīdus**, eris *n.*: Stern, Gestirn ● **mundus**: die Welt ● **rērum nātūra**: „Natur der Dinge" = die Natur
6,15 **(1) quotannīs**: jährlich, jedes Jahr **(2) plūrimī**, ae, a: die meisten; sehr viele *(Superlativ zu* multī, ae, a*)* ● **ambactus**: *ein gallisches Wort für* „Sklave"

Abb.: Rituelle Szene: Krieger mit Kriegstrompeten, Schild und und Speer, zu Pferde. Eine übergroße Person – Gott oder Druide? – hält einen Menschen über einen Kessel, wohl um ihn zu opfern. Ein heiliger Baum, mit Wurzeln und Blättern, trennt die Gruppen. – Reliefplatte von einem Kessel für den Kultgebrauch, 1. Jahrhundert v. Chr. (Kessel von Gundestrup; vgl. die Umschlagabbildung und die Abb. S. 34)

De sacrificiis Gallorum

6,16

(1) *Sed* Natio est omnis Gallorum admodum dedita religionibus. (2) Ob eam causam *ii*, qui sunt affecti gravioribus morbis quique in proeliis periculisque versantur, aut pro victimis homines immolant aut se immolaturos *esse* vovent. Administris ad ea sacrificia druidibus utuntur. (3) *Nam*, pro vita hominis nisi hominis vita reddatur, non posse aliter deorum immortalium numen placari arbitrantur; publicēque eiusdem generis habent instituta sacrificia. (4) Alii *druides aut populi Gallorum* immani magnitudine simulacra habent. Quorum contexta viminibus membra vivīs hominibus complent. Quibus *simulacris* succensis circumventi flammā exanimantur homines. (5) Supplicia eorum, qui in furto aut latrocinio sint comprehensi, gratiora deis immortalibus esse arbitrantur. Sed cum eius generis copia deficit, etiam ad innocentium supplicia descendunt.

6,16 **(1) admodum** *(Adv.)*: recht, ziemlich **(2) prō victimīs**: als Opfer(tiere) ● **immolāre**: opfern ● **vovēre**: geloben ● **administer**, trī: Helfer *(vgl.* ad-ministrāre*)* ● **sacrificium**: Opfer **(3) Sb: *Nam,*** nisi ..., nōn posse ... **arbitrantur** ● **prō vītā hominis – hominis vīta**: *Stilfigur des Chiasmus* ● **plācāre**: besänftigen, versöhnen **(4) immānis**, e: ungeheuer, riesig ● **con-texere**: zusammenflechten ● **vīmen**, *minis n.*: Weidenrute, -geflecht ● **membrum**: Glied, Körperteil ● **succendere**: (unten) anzünden *(vgl.* ac-cendere*)* ● **ex-animāre**: „entseelen", töten **(5) fūrtum**: Diebstahl ● **latrōcinium**: Räuberei, Raubzug ● **Sb: supplicia eōrum ... grātiōra ... esse arbitrantur** ● **innocēns**, entis: unschuldig

De deis Gallorum

6,17

(1) Deorum maximē Mercurium colunt. Huius sunt plurima simulacra. Hunc omnium inventorem artium ferunt, hunc viarum atque itinerum ducem; hunc ad quaestūs pecuniae mercaturasque habere vim maximam arbitrantur. Post hunc *colunt* Apollinem et Martem et Iovem et Minervam. (2) De his *deis* eandem ferē, quam reliquae gentes, habent opinionem: *Credunt* Apollinem morbos pellere, Minervam operum atque artificiorum initia tradere, Iovem imperium caelestium tenere, Martem bella regere:

(3) Huic ea, quae bello ceperint, plerumque devovent: Cum superaverunt, animalia capta immolant, reliquasque res in unum locum conferunt. (4) Multis in civitatibus harum rerum exstructos tumulos locis consecratis conspicari licet. (5) Neque saepe accidit, ut quis*quam* aut capta apud se occultare aut posita tollere auderet: Gravissimum ei rei supplicium cum cruciatu constitutum est.

De origine Gallorum. De filiis Gallorum

6,18

(1) Galli se omnes ab Dite patre prognatos *esse* praedicant, idque ab druidibus proditum *esse* dicunt. (2) Ob eam causam spatia omnis temporis non numero dierum, sed noctium finiunt: Dies natales et mensum et annorum initia sic observant, ut noctem dies subsequatur.

(3) In reliquis vitae institutis hōc fere ab reliquis *se* differunt, quod suos liberos, nisi cum adoleverunt, ut munus

---

6,17 **(1) Mercurius**: Merkur, *s. Leseteil S. 52 „Gallische Götter". Manche vermuten übrigens hinter dem Namen „Merkur" den gallischen Gott* Teutates**. ● inventor**: Erfinder (*vgl.* invenire) **● Sb**: hunc ... inventōrem (esse) ... ferunt (**ferre** *bedeutet hier*: überliefern, berichten) **● quaestus**, ūs: (Geld-)Erwerb **● mercātūra**: Handel (*dazu gehören*: mercātor *und* Mercurius = *Gott der Kaufleute*) **● Apollō**, **Mars**, **Iūpiter**, Gen. Iovis, **Minerva** *sind hier gallische Götter in „Interpretatio Romana", vermutlich* Belon (*oder* Belenus *bzw.* Betus); Êsus; Taranis *und vielleicht die Mondgöttin* Belisana **(2) opera atque artificia**: Handwerk und Kunst **(3) quae bellō cēperint**: „Kriegsbeute" (*wörtlich?*) **● devovēre**, vōvī, vōtum: weihen **● superāre**: siegen (*vgl.* suprā) **● immolāre**: opfern **(4) ex(s)truere**, strūxī, strūctum: aufschichten, aufbauen (*vgl.* con-struere); **exstrūctī**

tumulī: künstlich aufgeworfene Hügel **● cōnsecrātus**, a, um: geheiligt, geweiht **● cōnspicārī** = cōn-spicere **(5) Sb**: **aut capta** (= ea, quae bellō cēperint: § 3) ... **aut posita** (*von den* tumuli *in* § 4) **● occultāre**: verbergen **● cruciātus**, ūs: Folter (*vgl.* crux: Kreuz) **6,18** **(1) Dīs**, Dītis: *Name; römischer Gott der Unterwelt, „Pluto" für den gallischen Gott der Nacht, den Caesar* **Dīs pater** *nennt; s. Leseteil S. 52: „Gallier, Kinder der Unterwelt"* **● prōgnātus**, a, um (prō + nātus): geboren, entsprossen **● praedicāre**: ausrufen, preisen, rühmen **(2) diēs nātālis**: Geburtstag **● ut noctem ... diēs subsequātur**: *s. Leseteil S. 52: „Gallier, Kinder der ... Finsternis"* **(3) ab reliquīs** (*ergänze*) populīs *oder* gentibus **● Sb**: (Gallī) ... **differunt, quod** ... **non patiuntur** ... **● adolēscere**, ēvī, adultum: heranwachsen, erwachsen werden **● palam** (*Adv.*): in der Öffentlichkeit **● puerīlis**, e: kindlich;

militiae sustinere possint, palam ad se adire non patiuntur: Filium puerili aetate in publico in conspectu patris assistere turpe ducunt.

De matrimonio Gallorum

6,19 (1) Viri, quantas pecunias ab uxoribus dotis nomine acceperunt, tantas ex suis bonis aestimatione factā cum *eis* dotibus communicant. (2) Huius omnis pecuniae coniunctim ratio habetur, fructūsque servantur. Uter eorum vitā superaverit, ad eum pars utriusque cum fructibus superiorum temporum pervenit. (3) Viri in uxores sicuti in liberos vitae necisque habent potestatem.

Cum pater familiae illustriore loco natus decessit, eius propinqui conveniunt et de morte, si res in suspicionem venit, de uxoribus in servilem modum quaestionem habent; si *crimen* compertum est, *feminam illam* igni atque omnibus tormentis excruciatam interficiunt.

De funeribus Gallorum

(4) Funera sunt pro cultu Gallorum magnifica et sumptuosa. *Galli* omnia, quae vivīs cordi fuisse arbitrantur, in ignem inferunt, etiam animalia. Ac paulo supra hanc memoriam servi et clientes, quos ab illis dilectos esse constabat, iustis funeribus confectis unā cremabantur.

De rumoribus atque de celeritate famae

6,20 (1) *Eae civitates*, quae commodius suam rem publicam administrare existimantur, habent legibus sanctum, si quis quid de re publicā a finitimis rumore ac famā acceperit, ut

---

kindisch (*vgl. puer, puella*) ● **assistere**, stitī: hintreten, sich daneben stellen
6,19 ▓▓▓▓ **(1) dōs**, dōtis *f.*: Mitgift, *d. h. Geld oder Dinge, die das Mädchen in die Ehe mitbringt;* **dōtis nōmine**: „als Mitgift" ● **tantās** (*ergänze*) pecuniās ● **aestimātiō**: Schätzung (*vgl.* aestimāre) ● **virī, quantās ...**, **tantās ... cum dōtibus commūnicant** („ebenso viel, wie die M. ..., legen sie zu dieser Mitgift dazu") **(2) coniūnctim** (*Adv.*): gemeinschaftlich (*vgl.* coniungere; coniūnx: Gattin – *ein unübersetzbares Wortspiel*) ● **pecūniae fructūs**: Zinsen (*wörtlich?*) ● **vītā superāre**: überleben **(3) nex**, necis *f.*: Tod, (*oft*) gewaltsamer Tod (*vgl.* necāre: töten) ● **locus** (*gemeint*): Sippe, Familie ● (dē vītā) **dē-cēdere**: sterben ● **servīlis**, e: Sklaven- (*vgl.* servus) ●

quaestiō: Untersuchung ● **Sb: et si (scelus) compertum est** ... ● **tormentum**: Folter (*vgl.* torquēre: foltern); **ex-cruciāre**: foltern, quälen (*vgl.* crux: Kreuz; *die Kreuzigung ist der grausamste Foltertod*)
(4) sūmptuōsus, a, um: aufwendig, verschwenderisch (*vgl.* sūmptus, ūs) ● **cordī esse alicuī**: jmdm. lieb sein ● **suprā** ≈ ante ● **haec memoria**: diese Zeit, *d. h. Caesars gallische Kriegsjahre* ● **clientēs**: Klienten, Anhänger ● **Sb: quōs ab illīs dīlēctōs esse cōnstābat**, *A.c.I. im Relativsatz:* „constabat eos dilectos esse" ● **cremāre**: verbrennen
6,20 ▓▓▓▓ **(1) sancīre** (sānxī, sānctum), **ut ...**: festsetzen (*vgl.* sānctus) ● **quis quid**: *nach* sī *statt* aliquis, aliquid ● **rūmor**: Gerücht; **rūmōre ac fāmā**: *welche Stilfigur?* ●

ad magistratum deferat *neque* cum quo alio communicet, (2) quod saepe homines temerarios atque imperitos falsis rumoribus terreri et ad facinus impelli et de summis rebus consilium capere cognitum est.

(7,3,2/3) Celeriter *enim* ad omnes Galliae civitates fama perfertur. Nam ubicumque maior atque illustrior incidit res, *Galli eam rem* clamore per agros regionesque significant. Hinc alii deinceps excipiunt et proximis tradunt. Ut *septimo belli anno* accidit: Nam *ea*, quae Cenabi oriente sole gesta essent, ante primam confectam vigiliam in finibus Arvernorum audita sunt, quod est spatium milium passuum circiter centum sexaginta.

(3) *Gallorum* magistratūs *ea*, quae visa sunt, occultant, quae esse ex usu iudicaverunt, multitudini produnt. De re publicā nisi per concilium loqui non conceditur.

Caput sextum: De Germanorum moribus

De Germanis a Gallorum religione differentibus

6,21

(1) Germani multum ab hac consuetudine differunt. Nam neque druides habent, qui divinis rebus praesint, neque sacrificiis student. (2) Deorum numero eos solos ducunt, quos cernunt et quorum apertē opibus iuvantur: Solem et Vulcanum et Lunam. Reliquos *deos* ne fama quidem acceperunt.

---

quō: *nach* **cum** *für* aliquō ● **commūnicāre**: sich besprechen (*vgl.* commūnis; „Kommunikation") **(2) Sb**: **quod** (weil) **... cōgnitum est** *umrahmt den davon abhängigen A.c.I.* ● **temerārius**, a, um: blindlings, unüberlegt ● **rūmor**: Gerücht, Kunde
(7,3,2) *Diese Stelle ist als Ergänzung aus dem 7. Buch übernommen.* ● **ubicumque**: überall, wo ● **deinceps**: nacheinander **(3) Cēnabum**: Name; *Hauptort der Karnuten, Karte E 3* ● **sōl oriēns**: „aufgehende Sonne" = Osten ● **Arvernī**: die Arverner, *ein gallischer Stamm*, s. *Karte F 4* ● **mīlium ... passuum centum sexāgintā**: 160 Meilen, ca. 240 km; *ob uns*

Caesar Tatsachen berichtet, bleibt unüberprüfbar.
(6,20,3) ea, quae vīsa sunt ...: das, bei dem/wofür es ihnen gut scheint, ...; *entsprechend*: **quae esse ex ūsū** ● **occultāre**: verbergen ● **ex ūsū**: nützlich, vorteilhaft (*vgl.* ūsus, ūs: Nutzen)
6,21 (1) **Germānī** *sind nach Caesar*, B.G. 1,1,3 „(iī Barbarī), quī trāns Rhēnum incolunt" ● **sacrificium**: Opfer **(2) iuvāre** = adiuvāre ● **Vulcānus** *ist im antiken Rom der Gott des Feuers. Welcher Gott der Germanen hier mit der „interpretatio Romana" gemeint sein könnte, ist unbekannt.*

(3) Vita omnis in venationibus atque in studiis rei militaris consistit. A parvulis labori ac duritiae student. (4) *Ii*, qui diutissime impuberes permanserunt, maximam inter suos ferunt laudem: Hōc ali staturam, ali vires, nervosque confirmari putant. (5) Intra annum vero vicesimum feminae notitiam habuisse in turpissimis habent rebus. Cuius rei nulla est occultatio, quod et promiscuē in fluminibus perluuntur, et pellibus aut parvis renonum tegimentis utuntur, magnā parte coporis nudā.

De victu Germanorum

6,22

(1) Agri culturae non student, maiorque pars eorum victūs in lacte, caseo, carne consistit. (2) Neque quisquam agri modum certum aut fines habet proprios. *Nam* magistratūs ac principes in annos singulos gentibus cognationibusque hominum, qui unā coierunt, quantum et quo loco visum est agri, attribuunt atque anno post alio *eos* transire cogunt.

(3/4) Eius rei multas afferunt causas: Ne assiduā consuetudine capti studium belli gerendi agri culturā commutent; ne latos fines parare studeant potentioresque humiliores possessionibus expellant; ne qua oriatur pecuniae cupiditas, qua ex re factiones dissensionesque nascuntur; ut animi aequitate plebem contineant, cum quisque suas opes cum potentissimis aequari videat.

---

(3) vēnātiō: die Jagd (*vgl.* vēnātor: Jäger; vēnārī: jagen) ● **ā parvulīs**: von klein auf ● **dūritia**: Härte (*vgl.* dūrus) **(4) diūtissimē**: Superlativ zu diū ● **impūbēs,** beris: *meint eine Person, die noch keinen Geschlechtsverkehr hatte:* „ohne Geschlechtsverkehr" ● **permanēre** ~ manēre ● **alī**: *Pass. von* alere ● **statūra**: Gestalt (*vgl.* stāre); **alī (statūram)** … **alī (vīrēs)**: *Stilfigur der Anaphora* ● **nervus**: Sehne, Muskel **(5) intrā** *(hier)*: vor ● **vīcēsimus**, a, um: der zwanzigste ● **nōtitia**: Bekanntschaft (*vgl.* nōtus): *eine Umschreibung des Liebesaktes; vgl. in § 4*: impūbēs ● **in turpissimīs rēbus habēre aliquid**: etwas zu den ganz unmoralischen Dingen rechnen ● **occultātiō**: Geheimhaltung, das Verbergen (*vgl.* occultus) ● **prōmisc(u)us**, a, um: gemeinschaftlich ● **perluī**: baden (*Mediopassiv zu* perluere, luī, lūtum: waschen); *dazu im Leseteil S. 57: „Barbarische Badegewohnheiten"* ● **pellis**, is f.: Fell ● **rēnō**: gall. od.

german. *Wort für den* Fellschurz ● **tegīmentum**: Decke, Bedeckung

6,22 ▓▓▓▓ **(1)** *beginnt mit* **vīctus**, ūs, *der* Ernährung: **lac**, lactis *n.*: Milch; **cāseus**: Käse; **carō**, carnis *n.*: Fleisch **(2) in annōs singulōs**: für je ein Jahr ● **cōgnātiō**: die Verwandtschaft, Sippe ● **unā coīre**: sich zusammenschließen ● **Sb**: **magistrātūs ac prīncipēs … attribuunt atque … cōgunt**; **quantum** …: *Objekt zu* attribuunt **(3) Sb**: *der § 3 ist durch dreifaches* **nē** *gegliedert; Stilfigur der Anaphora; mit § 4 schließt sich als viertes dann* **ut** *(Gegensatz zu* nē*) an: alle bezeichnen die* **causās***, die Caesar den Germanen in den Mund legt; es ist möglich, alle vier unter 1. … 2. … 3. … 4. wiederzugeben:* 1. „um nicht … zu … 4. um … zu" ● **assiduus**, a, um: ständig ● **commūtāre** = mūtāre ● **possessiō**: Besitz (*vgl.* possidēre) ● **dis-sēnsiō**: Streit, Meinungsverschiedenheit, „Dissens" (*vgl.* dis-sentīre)

29

De vastis circum civitates regionibus

6,23

(1) Civitatibus maxima laus est, quam latissimē circum se vastatis finibus solitudines habere. (2) Hoc proprium virtutis existimant: Expulsos agris finitimos cedere, neque quemquam prope se audere consistere. (3) Simul hōc se fore tutiores arbitrantur, repentinae incursionis timore sublato.

De bello atque ducibus; de hospitibus

(4) Cum bellum civitas aut illatum defendit aut infert, magistratūs, qui ei bello praesint et vitae necisque habeant potestatem, deliguntur. (5) In pace nullus est communis magistratus, sed principes regionum atque pagorum inter suos ius dicunt controversiasque minuunt. (6) Latrocinia nullam habent infamiam, quae extra fines cuiusque civitatis fiunt: Ea iuventutis exercendae ac desidiae minuendae causā fieri praedicant. (7) Atque ubi quis ex principibus in concilio dixit se ducem fore, qui sequi velint, profiteantur, surgunt ii, qui et causam et hominem probant, suumque auxilium pollicentur atque a multitudine laudantur. (8) Ii, qui ex his secuti non sunt, in desertorum ac proditorum numero ducuntur, omniumque his rerum postea fides derogatur.

(9) Hospitem violare fas non putant. *Omnes*, qui quacumque de causa ad eos venerunt, ab iniuriā prohibent sanctosque habent: His omnium domūs patent victusque communicatur.

6,23 ▒▒▒▒ **(1) quam** *beim Superlativ*: möglichst … ● **vāstāre**: verwüsten ● **sōlitūdō**: Einöde, Wüste (*vgl.* sōlus) **(2) proprium** *(hier)*: Kennzeichen ● **Sb : expulsōs agrīs … finitimōs**: *vgl. diese Stelle mit 22,3*: nē … expellant **(3) repentīnus**, a, um: plötzlich (*Adv.* repente) ● **in-cursiō**: Einfall, Invasion (*vgl.* incurrere) ● **sublātus**, a, um: beseitigt **(4) bellum illātum dēfendere – bellum inferre** (intulī, illātum): einen Angriff (Invasion) abwehren, zurückschlagen – (selbst) angreifen *bzw.* eine Invasion machen ● **nex**, necis f.: (gewaltsamer) Tod (*vgl.* necāre) **(5) pāgus**: Kanton **(6) latrōcinium**: Räuberei,

Raubzug (*vgl.* latrō: Räuber) ● **in-fāmia**: Schande, übler Ruf, „Infamie" (*vgl.* fāma) ● **dēsidia**: Müßiggang, Nichtstun ● **praedicāre**: öffentlich verkünden, aussagen ● **Sb: ea iuventūtis … causā fierī praedicant (7) quis** = aliquis *nach* **ubi** ● **pro-fitērī**, fessus sum: sich melden (*vgl.* fatērī: sich bekennen) **(8) dēsertor**: Verräter, „Deserteur" (*vgl.* dēserere: im Stich lassen); **prōditor**: Verräter (*vgl.* prō-dere: verraten); dēsertor – prōditor: welche Stilfigur?) ● **Sb: omnium … rērum** *gehört zusammen* ● **dē-rogāre**: aberkennen, entziehen **(9) vīctus**, ūs: Nahrung ● **commūnicāre**: teilen (*vgl.* commūnis)

6,24

(1) Ac fuit <u>antea</u> tempus, cum Germanos Galli virtute superarent, ultro bella inferrent, propter hominum multitudinem agrique inopiam trans Rhenum colonias mitterent. (4) <u>Nunc</u> quoniam in eādem inopiā egestate patentiāque Germani permanent, eodem victu et cultu corporis utuntur, (5) *et quoniam* Gallis autem provinciarum propinquitas et transmarinarum rerum notitia multa ad copiam atque usum largitur, (6) Galli paulatim assuefacti *sunt a Germanis* superari: Multis victi proeliis ne se quidem ipsi cum illis virtute comparant.

De Hercynia silva

6,25

(2) *Ingens Germanorum Hercynia silva* oritur ab Helvetiorum et Nemetum et Rauracorum finibus *atque* pertinet ad fines Dacorum et Anartium. (3) Hīc se flectit sinistrorsus, multarumque gentium fines propter magnitudinem attingit. (4) Neque quisquam est, qui se aut adisse ad initium eius silvae dicat, aut, quo ex loco *silva* oriatur, acceperit. (5) Multa in eā *silvā* genera ferarum nasci constat, quae reliquis in locis *terrae* visa non sunt. *Ea genera,* quae maxime differunt a ceteris, haec sunt:

6,24 ▨▨▨ **(1) ultrō** *(Adv.)*: freiwillig, von sich aus ● **bellum īnferre**: angreifen, eine Invasion machen ● **colōniam mittere** *(Begriff der römischen Politik)*: eine neue Kolonie anlegen, d. h. Siedler aussenden, um in einem bisher noch nicht völlig unterworfenen Gebiet eine neue Stadt zu gründen und so das Land zu „unterwandern"; eine solche Stadt heißt **colōnia (4) egestās**: Armut ● **patientia**: Zustand der Entbehrung *(vgl.* pati: leiden) ● **inopia – egestās – patientia**: Stilfigur der Klimax, d. h. steter Steigerung des Ausdrucks ● **per-manēre**: (da-)bleiben ● **vīctus**: *s. § 9* ● **cultus** (ūs) **corporis**: Körperpflege; *wie sie nach Caesar aussah, steht oben in 21,5* ● **prōvinciārum** *(gemeint)*: p. Rōmānōrum ● **trānsmarīnus**, a, um: überseeisch *(vgl.* trāns + mare) ● **nōtitia**: Kenntnis, Wissen um ● **cōpia** *(hier)*: Reichtum; **ūsus**, ūs *(ein Wort mit sehr vielen Bedeutungen; von* utī: gebrauchen, benutzen): Gebrauch, Vorteil; **cōpia et ūsus** *(Hendiadyoin)*: „ein Leben in Wohlstand" ● **largīrī**: schenken; bestechen ● **assuē-facere**: gewöhnen an

6,25 ▨▨▨ **(2) Hercȳnia silva**: der Herkynische Wald, *wohl das Gebirge vom Schwarzwald bis zu den Karpaten; sehr ungenauer Begriff; nach Tacitus (um 100 n. Chr.) die deutschen Mittelgebirge* ● **Helvētiī**: die Helvetier („Schweizer") *waren Caesars erster Gegner im Bellum Gallicum* ● **Nemetēs**: die Nemeter *siedelten südlich der Neckarmündung am Rhein (s. Karte I 2)* ● **Rauracī**: die Rauraker *lebten im Raum des heutigen Basel (s. Karte HI 3)* ● **Dācī**: die Daker *besiedelten das heutige Rumänien; von Kaiser Trajan 101–106 unterworfen* ● **Anartēs**: Name *eines Stammes am Fluss Theiß: entspringt in den Karpaten, fließt durch Ungarn und mündet ca. 40 km stromaufwärts von Belgrad in die Donau* **(3) sinistrōrsus** *(Adv.)*: nach links *(vgl.* sinister: links) **(5) fera**: wildes Tier

Gallien zur Zeit Caesars

0 — 50 — 100 Römische Meilen

0 — 50 — 100 — 200 km

© Ernst Klett Stuttgart 1978

Abb.: Der Hirschgott „Cerumnos" inmitten von Tieren. Reliefplatte vom Kessel von Gundestrup (s. zur Abb. S. 25)

De bestiis: ① *De „Unocornu"*

6,26

(1) Est *ibi* bos cervi figurā, cuius a mediā fronte inter aures unum cornu existit excelsius magisque derectum his, quae nobis nota sunt, cornibus. (2) Ab eius summo sicut palmae ramique latē diffunduntur. (3) Eadem est feminae marisque natura, eadem forma magnitudoque cornuum.

② *De Alcibus*

6,27

(1) Sunt item, quae appellantur alces. Harum est similis capris figura et varietas pellium, sed magnitudine paulo antecedunt mutilaeque sunt cornibus. Crura sine nodis articulisque habent. (2) *Alces* neque quietis causā procumbunt, neque, si casu conciderunt, erigere sese aut sublevare possunt. (3) His sunt arbores pro cubilibus: Ad eas se applicant atque ita paulum modo reclinatae quietem capiunt. (4) Quarum ex vestigiis cum est animadversum a venatoribus, quo se recipere consueverint, omnes eo loco arbores

6,26   (1) **bōs**, bovis *m./f.*: Rind ● **cervus**: Hirsch ● **excelsus**, a, um: hochragend ● **dērēctus**, a, um: gerade (gerichtet) ● **Sb: hīs** … **cornibus**: *gesperrter Ausdruck* **(2) Ab eius** … **diffunduntur**: „Von seiner Spitze aus gehen sie (sc. die Hörner) weit auseinander wie Hände und Zweige" ● **mās**, maris: das Männchen (*vgl.* māsculīnus)
6,27   (1) **alcēs**, is *f.*: Elch ● **capra**: Ziege ● **varietās** (*hier*): Buntheit, d. h. nach Ziegenart gescheckt ● **pellis**, is *f.*: Fell, „Pelz" ●

paulō (*Adv.*): (um) ein wenig ● **(magnitudine) ante-cēdere**: übertreffen ● **mutilus**, a, um: stumpf („*Schaufelgeweih*") ● **crūs**, crūris *n.*: Bein, Schenkel ● **nōdus**: Knoten, Knöchel ● **articulus**: Gelenk **(2) prō-cumbere**, cubuī, cubitum: sich hinlegen ● **ē-rigere**: aufrichten ● **sublevāre**: erheben **(3) cubīle**, is *n.*: Schlafplatz ● **applicāre**: anlehnen ● **re-clīnāre**: zurücklehnen **(4) vēnātor**: Jäger (*vgl.* vēnārī: jagen) ● **Sb: omnēs … arborēs**: *gesperrter Ausdruck* ●

aut ab radicibus subruunt aut accīdunt, tantum ut summā species earum stantium relinquatur. (5) *Alces* huc cum se consuetudine reclinaverunt, infirmas arbores pondere affligunt atque unā ipsae concidunt.

③ *De Uris*

6,28

(1) Tertium est genus eorum, qui uri appellantur. Hi sunt magnitudine paulo infra elephantos, specie et colore et figurā tauri. (2) Magna vis eorum est et magna velocitas. Neque homini neque ferae, quam conspexerunt, parcunt. *Germani autem* hos studiosē foveis captos interficiunt. (3) Hōc se labore durant adulescentes atque hōc genere venationis exercent. *Ii*, qui plurimos ex his interfecerunt – relatis in publicum cornibus, quae sint testimonio – magnam ferunt laudem.

(4) Sed assuescere ad homines et mansuefieri ne parvuli quidem excepti possunt. (5) Amplitudo cornuum et figura et species multum a nostrorum boum cornibus differt. (6) Haec *cornua* studiosē conquisita ab labris argento circumcludunt atque in amplissimis epulis pro poculis utuntur.

Caput septimum: De equitibus Germanorum

Caesar Rhenum transit

6,9

(1) Caesar postquam in Treveros venit, Rhenum transire constituit (3) *et* paulo supra eum locum, quo ante exercitum traduxerat, facere pontem instituit. (5) Firmo praesidio relicto, ne quis subito motus oriretur, reliquas copias equitatumque traduxit.

---

rādīx, īcis *f.*: Wurzel (*vgl.* „radikal") ● **subruere**, ruī, rutum: untergraben ● **ac-cīdere**: ansägen (*vgl.* caedere: fällen) ● **tantum ut:** „aber nur so viel, dass …" ● **summā** (*hier*): insgesamt (5) **reclīnāre**: *s.* § 3 ● **afflīgere**, flīxī, flīctum (*hier*): umstoßen, umwerfen
6,28 (1) **ūrus**: Ur *bzw.* Auerochse; *s.* Leseteil S. 60: „Bestiarium II" ● **paulō** (*Adv.*): (um) ein wenig ● **taurus**: Stier (2) **vēlōcitās**: Geschwindigkeit (*in der Physik Zeichen „v"*) ● **fera**: Wild, wildes Tier ● **studiōsus**, a, um: eifrig (*vgl.* studēre; studium) ● **fovea**: (Fall-)Grube (3) **dūrāre**: abhärten (*vgl.* dūrus) ● **vēnātiō**: Jagd ● **ex hīs**: ergänze ūrīs ● **testimōnium**: Zeugnis, Beweis (*vgl.* testis: Zeuge) ● **(laudem) ferre**: „davontragen",

erhalten (4) **mānsuēfierī**: gezähmt werden ● **parvulus**, a, um: sehr klein (*vgl.* parvus); **parvulī exceptī**: als Kälbchen aufgegriffen; *Caesar irrt: s.* Leseteil S. 60: Bestiarium II
(5) **amplitūdō**: Größe, Weite (*vgl.* amplus) ● **boum**: Gen. Pl. zu bōs, bovis *m./f.*: das Rind; *hier wohl gemeint:* Rinderart (6) **studiōsus**: *s.* § 2 ● **con-quīrere**: sammeln ● **labrum**: Lippe, Rand ● **circum-clūdere**: umschließen, „einfassen" ● **epulum**: Festmahl, Gastmahl ● **pōculum**: Becher, „Pokal"
(6,9) (1) **Trevirī** *od.* **Treverī**: die Treverer, *ein Stamm an der Mosel („Trier";* *s.* Karte H 2) (5) **quis** *nach* nē *statt* aliquis ● **mōtus**, ūs: Aufstand, Unruhe

6,29

(1) *Copiis traductis* Caesar, postquam per exploratores comperit Suebos se in silvas recepisse, inopiam frumenti veritus *est*, quod, ut supra demonstravimus, minime omnes Germani agri culturae student. *Itaque Caesar* constituit non progredi longius. (2) Sed, ne metum reditūs sui barbaris tolleret, reducto exercito partem ultimam pontis (3) rescindit atque in extremo ponte turrim tabulatorum quattuor constituit: Praesidium pontis tuendi causā ponit *atque* eum locum munitionibus firmat.

Caesare absente equites velocissimi Rhenum transeunt

6,35

(4) Ipse ad bellum Ambiorigis profectus *est et* per Arduennam silvam, quae est totius Galliae maxima, Lucium Minucium cum omni equitatu praemittit. (5) Sese confestim subsequi dicit.

(5) *His auditis* cogunt equitum duo milia Sugambri, qui sunt proximi Rheno. (6) Transeunt Rhenum navibus ratibusque triginta milibus passuum infra eum locum, ubi pons erat perfectus praesidiumque a Caesare relictum. Primos Eburonum fines adeunt; magno pecoris numero, cuius sunt cupidissimi barbari, potiuntur. (7) Invitati praedā longius procedunt. Non hos palus, non silvae morantur. Quibus in locis sit Caesar, ex captivis quaerunt: *Caesarem* profectum *esse* longius reperiunt; omnem *Romanorum* exercitum discessisse cognoscunt. (8) *Unus ex captivis dicit:* (9) „Tribus horis Aduatucam venire potestis. Huc omnes suas fortunas exercitus Romanus contulit. Praesidii tantum est, ut ne murus quidem cingi possit neque quisquam egredi extra munitiones audeat."

6,29 **(1) explōrātor**: Kundschafter (*vgl.* explōrāre) ● **minimē** (*Adv.*): keineswegs **(2) ultimus**, a, um: äußerster, letzter **(3) re-scindere**, scidī, scissum: einreißen, abbrechen ● **tabulātum**: Stockwerk ● **firmāre**: sichern (*vgl.* firmus) **(4) Ambiorīx**: *Name eines aufständischen Gallierfürsten* ● **Arduenna silva**: die Ardennen (*Gebirge; s. Karte GH 2*) ● **L. Minucius**: *Name eines römischen Offiziers* **(5) cōnfestim** (*Adv.*): sofort, unverzüglich

6,35 **(5) Sugambrī** (*Pl.*): die Sugambrer, *germanischer Stamm (s. Karte HI 1)* **(6) ratis**, is *f.*: Floß ● **trīgintā mīlia passuum**: 30.000

Doppelschritt = 30 Meilen, ca. 45 km; *diese Barbaren hatten aber auch keinerlei Respekt vor Caesar!* ● **Eburōnes** (*Pl.*): die Eburonen, *gallischer Stamm (s. Karte GH 1)* ● **adīre** (*hier*): angreifen, überfallen ● **pecoris cupidus**: „scharf auf Vieh"; *nach dem Barbaren-Klischee waren die Germanen (entgegen dem Befund der Ausgrabungen usw.) noch Wanderhirten (Nomaden) und raubten leidenschaftlich gerne das Vieh anderer Leute* **(7) invītāre**: einladen ● **palūs**, ūdis: Sumpf ● **captīvus**: Kriegsgefangener **(9) Aduatuca**: *Name eines Kastells, im Lande der Eburonen (Belgien)* ● **fortūnae** (*f.Pl.*): Vermögen, die Habe

6,37+41

(1) *Paulo post iam* Germani equites veniunt protinusque in castra irrumpere conantur. (3) Inopinantes nostri perturbantur, ac vix primum impetum cohors sustinet. (4) Circumfunduntur hostes ex reliquis partibus, si quem aditum reperire possint. (5) Aegrē portas nostri tuentur. (6) Totis trepidatur castris. (7) Alius castra iam capta *esse* pronuntiat, alius deleto exercitu *Romano* atque imperatore victores barbaros venisse. (41,1) *Multis Romanis interfectis tamen* Germani desperatā expugnatione castrorum cum eā praedā, quam in silvis deposuerant, trans Rhenum sese receperunt. (2) Ac tantus fuit etiam post discessum hostium terror, ut eā nocte C. Volusenus, cum *a Caesare* missus cum equitatu in castra venisset, fidem non faceret adesse cum incolumi Caesarem exercitu: (3) Sic omnium animos timor *Germanorum* occupaverat! (4) Quem timorem *tandem* Caesaris adventus sustulit.

Abb.: Germanischer Reiter. Bronzefigur (früher Slg. Wyndham Cook, London)

6,37 ▨▨▨ **(1) prōtinus** *(Adv.)*: in einem Zuge, sogleich ● **ir-rumpere**: einbrechen, eindringen **(3) inopīnāns**, antis: ahnungslos **(4) circum-fundere**: herumgießen; *hier Mediopassiv* **circumfundī**: (das Lager) umzingeln, einkesseln ● **quem** *nach* **sī** *statt* aliquem **(5) aegrē** *(Adv.)*: mit Mühe, kaum **(6) trepi-** **dāre**: zittern, schlottern (vor Angst) **(7) prō- nūntiāre**: verkünden, ausrufen ● **exercitu**: *erg.* Rōmānō

6,41 ▨▨▨ **(1) dē-spērāre**: die Hoffnung auf etw. aufgeben (*vgl.* spēs) **(2) discessus**, ūs: (militärischer) Abzug, Rückzug (*vgl.* discēdere)

37

Caput octavum: De Caesaris nova belli ratione

De Cenabo expugnato

7,11

Septimo belli Gallici anno Caesar multis iam pugnis pugnatis Cenabum proficiscitur. (5) Castris ante oppidum positis in posterum *diem* oppugnationem differt. (7) Cenabenses paulo ante mediam noctem silentio ex oppido egressi flumen *Ligerem* transire coeperunt. (8) Quā re nuntiatā Caesar legiones portis *oppidi* incensis intromittit atque oppido potitur. (9) Oppidum diripit atque incendit, praedam militibus donat, exercitum Ligerim traducit atque in Biturigum fines pervenit.

Vercingetorix Romanos aggreditur. De proelio equestri

7,12

(1) Vercingetorix, *dux Gallorum*, ubi de Caesaris adventu cognovit, obviam Caesari proficiscitur. (2) Ille *(id est Caesar)* oppidum Biturigum Noviodunum oppugnare instituit. (3) Quo ex oppido legati ad eum ven*erunt* oratum, ut sibi ignosceret. *Caesar* arma conferri, equos produci, obsides dari iubet. (4) Parte iam obsidum traditā equitatus procul visus est, qui agmen Vercingetorigis antecesserat. (5) Quem simul oppidani conspexerunt, arma capere, portas claudere, murum complere coeperunt. (1) Caesar ex castris equitatum educi iubet proeliumque equestre committit.

7,13

De Germanis equitibus

Laborantibus iam suis *equitibus* Germanos equites circiter quadringentos (= CCCC) submittit. Quos ab initio secum habere instituerat. (2) Eorum impetum Galli sustinere non potuerunt atque in fugam coniecti – multis amissis – se ad

---

7,11 **(5) Cēnabum**: *Hauptstadt der Karnuten (s. Karte E 3)* ● **oppūgnātiō**: *Bestürmung (vgl.* oppūgnāre) **(7) Cēnabēnsēs** sunt incolae oppidi Cenabi ● **Liger**, eris: *(heutige)* Loire **(8) intrō-mittere** = intrā + mittere
7,12 **(1) Vercingetorīx**: *Name des Arvernerfürsten, Anführer des gesamtgallischen Aufstandes; in der Zeit Kaiser Napoleons III. (1848–1870) wurde er zu einem französischen Helden erklärt und damit dem „deutschen" Helden Arminius („Hermann der Cherusker")*

entgegen gestellt ● **obviam** *(Adv.)*: entgegen *(vgl.* via) **(2) Biturīgēs**: die Biturigen, *Volk in Aquitanien (s. Karte F 3)* ● **Noviodūnum**: *Stadt östlich von* Avaricum, *der Hauptstadt der Biturigen* **(4) ante-cēdere**: vor … gehen **(5) oppidānī** sunt incolae oppidī
7,13 **(1) proelium equestre** = proelium equitum ● **labōrāre** *(hier)*: in Bedrängnis sein ● **sui equites**: „seine reguläre Reiterei" ● **submittit** = auxiliō mittit

agmen *Vercingetorigis* receperunt. Quibus profligatis rursus oppidani perterriti sese *Caesari* dederunt. (3) Quibus rebus confectis Caesar ad oppidum Avaricum profectus est.

De consiliis Vercingetorigis

7,14 ss.

(1) Vercingetorix *autem* tot continuis incommodis *adductus* suos ad concilium convocat. (2) Docet longē aliā ratione bellum gerendum esse atque antea gestum sit: Omnibus modis *esse* studendum, ut pabulatione et commeatu Romani prohibeantur. (3) Id esse facile, quod equitatu ipsi abundent et quod anni tempore – *erat enim ver* – subleventur: (4) Pabulum secari non posse: Necessario dispersos hostes *pabulum et commeatum* ex aedificiis petere. Hos omnes cottidie ab equitibus *suis* deleri posse. (5) *Itaque etiam* vicos atque aedificia incendi oportere. (7) *Sic* Romanos aut inopiam non laturos *esse* aut magno cum periculo longius a castris processuros *esse*.
(15,1) Omnium consensu hac sententiā probatā uno die amplius viginti urbes Biturigum incenduntur. (2) Hoc idem fit in reliquis civitatibus: In omnibus *Galliae* partibus incendia conspiciuntur. (16,1) *Deinde* Vercingetorix minoribus Caesarem itineribus subsequitur.

Caesar nunc multa Gallorum oppida expugnat, saepe Gallos vincit, nonnumquam sui milites vincuntur. Sed bellum finire non potest: Ubique sunt Galli seditiosi, ubique est Vercingetorix maximo cum equitatu. Quam diu Caesaris legionarii itineribus magnis per Galliam currere poterunt?

Caesar equites e Germania arcessit

7,65

(4) Caesar, quod hostes equitatu superiores esse intellegebat et interclusis omnibus itineribus nullā re ex provinciā atque Italiā sublevari poterat, *nuntios* trans Rhenum in Germaniam mittit ad eas civitates, quas superioribus annis

---

(2) prōflīgāre: niederschlagen, besiegen
7,14 ▦ **(1) incommodum**: Niederlage
(2) (alius …) atque: als ● **pābulātio**: Versorgung mit Futter *(für Tiere)* ● **commeātus**, ūs: Proviant *(für Menschen)* **(3) abundāre** *(m. Abl.)*: im Überfluss zur Verfügung haben, überlegen sein an ● **vēr**, vēris *n.*: Frühling; *d. h. das Getreide ist nicht reif, nicht einmal die Wiesen können gemäht werden* ● **sublevāre**: unterstützen **(4) secāre**, uī, sectum:

(ab)schneiden ● **necessariō** *(Adv.)*: notwendigerweise ● **dispersus**, a, um: zerstreut ● **aedificium** *(hier)*: Bauernhof
7,15 ▦ **(1) cōnsēnsus**, ūs: Übereinstimmung ● **amplius viginti**: über zwanzig
(Zwischentext) **ubīque**: überall ● **sēditiōsus**, a, um: aufrührerisch, aufständisch
7,65 ▦ **(4) interclūdere**, clūsī, clūsum: abschneiden ● **sublevāre**: unterstützen ●

pacaverat, equitesque ab his arcessit et levis armaturae pedites, qui inter eos proeliari consueverant. (5) Eorum adventu, quod minus idoneis equis utebantur, a reliquis equitibus Romanis equos sumit Germanisque distribuit.

De Vercingetorigis belli ratione

7,66

(1) Interea dum haec geruntur, hostium equites, qui toti Galliae erant imperati, conveniunt. (2) Magno horum coacto numero Vercingetorix circiter milia passuum decem ab Romanis castris consedit. (3) Convocatis ad concilium praefectis equitum venisse *tandem* tempus victoriae demonstrat: fugere Romanos Galliāque excedere. (4) Proinde *Romanos* agmine impeditos adoriantur!

(7) Conclamant equites: sanctissimo iure iurando confirmari oportere, ne ad liberos, ad parentes, ad uxorem aditum habeat *is eques*, qui non bis per agmen hostium (*id est per agmen Romanorum*) perequitaverit.

De pugna equitum

7,67

(1) Probatā re *atque* postero die in tres partes distributo equitatu *Romanis* duae se acies ab duobus lateribus ostendunt, *tertia acies* a primo agmine iter *Romanorum* impedire coepit. (3) Consistit agmen. Impedimenta intra legiones recipiuntur. *Galli impetum faciunt, Romani resistere student.* (5) Tandem *Caesaris* Germani ab dextro latere summum iugum nacti hostes loco depellunt, fugientes usque ad flumen, ubi Vercingetorix cum pedestribus copiis consederat, persequuntur compluresque interficiunt. (6) Quā re animadversā reliqui, ne circumvenirentur, veriti se fugae mandant. Omnibus locis fit caedes.

---

pācāre: unterwerfen (*vgl.* pāx); *nach den Rheinüberquerungen hatte Caesar keine bleibenden Eroberungen gemacht: s. Caput 7: „De Romanis in Germania …"! Die Germanen kommen also freiwillig als Söldner.* ●
armātūra: Bewaffnung ● **proeliārī**: kämpfen; **inter eos pr.**: *s. o. Caput 3: De equitum Sueborum proeliis* **(5) distribuere**, buī, būtum: verteilen
7,66 ■■■ **(3) praefectus**: Kommandeur

(4) proinde: daher ● **adorīrī**: angreifen
(7) iūs iūrandum: Schwur ● **aditus**, ūs: Zutritt, Zugang ● **bis**: zweimal ● **perequitāre**: hindurch-reiten (*vgl.* equus; eques)
7,67 ■■■ **(1) distribuere**, uī, ūtum: ver-, ein-, aufteilen ● **prīmum agmen**: Vorhut, Spitze der Marschkolonne **(5) summum iugum nancīscī**: auf einen/den Hügel gelangen ● **dē-pellere**: vertreiben ● **pedester**, tris, tre: zu Fuß, Fuß-

De Vercingetorigis fuga atque de caede a Germanis facta

7,68 ss. (1) Fugato omni equitatu Vercingetorix copias suas reduxit protinusque Alesiam iter facere coepit. (2) Caesar altero die ad Alesiam castra fecit. (69,1) Ipsum erat oppidum Alesia in colle summo, ut nisi obsidione expugnari non posse videretur. *Itaque Caesar vallum fossamque circum Alesiam exstrui iussit.* (70,1) Opere instituto fit equestre proelium in planitie. Summā vi ab utrisque contenditur. (2) Laborantibus nostris *equitibus* Caesar Germanos submittit: (3) Hostes *statim* in fugam coniecti se ipsi multitudine impediunt. (4) Germani *eos* acrius usque ad munitiones sequuntur: Fit magna caedes. (7) Multis interfectis, compluribus equis captis Germani se recipiunt.

Caesar denuo equites Germanos mittit

Nunc tandem Romani munitiones exstruere possunt. Sed Galli, ne circumcludantur, ex oppido eruptionem faciunt equitibus:

7,80 (3) Galli inter equites raros sagittarios expeditosque interiecerant, qui suis cedentibus auxilio succurrerent et nostrorum equitum impetūs sustinerent. A *nostris equitibus* complures vulnerati proelio excedebant. (6) Cum a meridie prope ad solis occasum dubiā victoriā pugnaretur, *tandem* Germani unā in parte in hostes impetum fecerunt eosque propulerunt. (7) Quibus in fugam coniectis sagittarii circumventi interfectique sunt. (9) At ii, qui ab Alesia processerant, maesti se in oppidum receperunt.

Copiae Gallorum suis inclusis auxilium veniunt

Sed iam adest Gallorum novus exercitus. Castra Gallorum collocantur. Haec vident Galli, qui sunt in oppido inclusi: Eorum pedites ex oppido procurrunt. Sed Romanorum munitiones perrumpere non possunt. Maximā desperatione Galli contra Romanos contendunt. Et Gallis et Romanis decertandum est: Victor pugnae totius belli victor erit.

7,68 ss. (1) **prōtinus** (*Adv.*): unverzüglich ● **Alesia**: Name; *Stadt der gallischen Mandubier auf dem Mont Auxois beim heutigen Alise-Sainte-Reine (Cōte-d'Or, s. Karte G 3)* (69,1) **obsidiō**: Belagerung (*vgl.* obsidēre) (70,2) **labōrāre**: in Bedrängnis sein (*Zwischentext*) **circum-cludere**: umzingeln, einschließen ● **ēruptiō**: Ausfall

7,80 (3) **sagittārius**: Bogenschütze ● **expedītus**: Leichtbewaffneter (6) **merīdiēs**, ei: Mittag ● **occāsus**, ūs: Untergang ● **prōpellere**: vertreiben, schlagen (9) **maestus**, a, um: traurig, betrübt
(*Zwischentext*) **dēspērātiō**: Verzweiflung ● **dēcertāre**: um die Entscheidung kämpfen

7,87/88

(3) Accelerat *ipse* Caesar, ut proelio intersit. **(88,1)** *Galli* – eius adventu ex colore vestitus cognito, quo insigni in proeliis uti consueverat, turmisque equitum et cohortibus visis, quas *Caesar* se sequi iusserat – proelium committunt. (2) Nostri omissis pilis gladiis rem gerunt. (3) Repente post tergum *Gallorum Caesaris* equitatus cernitur. Cohortes aliae appropinquant. *Hostibus* fugientibus equites occurrunt.

De fuga Gallorum

Fit magna caedes. (4) Pauci ex tanto numero *hostium* incolumes in castra se recipiunt. (5) Conspicati ex oppido *Alesiā* caedem et fugam suorum – desperatā salute – copias a munitionibus reducunt. (6) Fit protinus hac re auditā ex castris Gallorum fuga. (7) De mediā nocte *Caesaris* equitatus novissimum agmen *hostium* consequitur: Magnus numerus capitur atque interficitur. Reliqui in civitates discedunt.

Vercingetorix deditur

7,89

(1) Postero die Vercingetorix id bellum se suscepisse non suarum necessitatum (2) sed communis libertatis causā demonstrat. Sed quoniam Fortunae sit cedendum, ad utramque rem se illis offerre: Seu morte suā Romanis satisfacere seu *se* vivum tradere velint. Mittuntur de his rebus ad Caesarem legati. (3) Iubet arma tradi, principes produci. (4) Ipse in munitione pro castris consedit. Eo duces producuntur:

(5) Vercingetorix deditur, arma proiciuntur.

Röm. Münze
(geprägt ab
58 v. Chr.):
„Typischer" Gallier mit
wildem Haar und Bart,
oft als Vercingetorix
angesehen.

7,87/88 ▨▨▨ **(3) accelerāre**: herbeieilen **(88,1) vestītus,** ūs: Kleidung, *gemeint ist Caesars legendärer roter Mantel* ● **turma**: Reiterabteilung, *hier Caesars berittene Garde; sie folgen ihm, d. h. Caesar reitet selbst voran. Alle Quellen weisen Caesar als hervorragenden Reiter aus.* **(6) prōtinus** *(Adv.)*: unverzüglich, sogleich **(7) dē** *(zeitlich)*: unmittelbar nach; noch während ● **novissimum agmen**: die Nachhut, der Schluss der Kolonne

7,89 ▨▨▨ **(2) seu ... seu**: sei es, dass ... sei es, dass ● **satis-facere**: Genugtuung leisten, *d. h. jemanden, der wohl überlegen ist, durch eine bestimmte Leistung zufrieden stellen, um Schlimmeres zu vermeiden* **(5) prō-icere**: niederwerfen, hinwerfen *(vgl.* iacere)

Begleitender Leseteil mit Zweittexten

Einführung: „Barbar" und „edler Wilder"

Der grauenhafte Wilde

In der griechisch-römischen Ethnographie („Völkerkunde"; griechisch: *éthnos* = Volk; *gráphein* = schreiben) ist der **Barbar** in allem das Gegenteil des **Zivilisierten**:

Er kennt keine Städte oder Stadtstaaten, die man für den Ausgangspunkt der Kultur hält. Er haust vielmehr zerstreut in der unberührten Natur und ist besonders wild, oder entsetzlich feige, oder übertrieben friedliebend. Manche leben in Höhlen wie Tiere. Sie kennen noch keinen Ackerbau und fressen am liebsten frisches Fleisch, das sie mengenweise von den Knochen abbeißen. Natürlich laufen sie entweder nackt oder in Felle gehüllt herum, regeln Politisches und Privates meist gewaltsam, sind jähzornig und primitiv. Sie treiben mangels Geldes Tauschhandel; sie kennen keinen privaten Bodenbesitz („Agrar-Kommunismus"). Edelobst und Wein sind ihnen unbekannt. Sie saufen dafür hemmungslos Bier in sich hinein. Sollten sie zufällig einmal doch an Wein herankommen, trinken sie ihn unvermischt, während Römer und Griechen (theoretisch! es gab dort im übertragenen Sinne jede Menge Barbaren) Wasser beimischten. Also sind Barbaren oft betrunken und dann mehr noch als sonst Sklaven ihrer Triebe. Sie kennen die Ehe nicht und toben sich in Promiskuität (lockerem Partnerwechsel) aus. Bart und Haare dürfen wachsen, wie Mutter Natur dies will. Und natürlich stecken sie voller Aberglauben. Ihre blutrünstigen Götter verlangen Menschenopfer, und die Barbaren fressen bei solch schaurigen Gottesdiensten Menschenfleisch.

Der edle Wilde

Neben diesem Bild des Entsetzens – wir nennen eine solch voreingenommene Verallgemeinerung Klischee – erfand man als Kontrast das schöne Bild vom **edlen Wilden.**

Die Kultur hatte – leider – zu einem übermäßigen Bevölkerungswachstum geführt. Ohne sich ihrer kulturellen Vorteile bewusst zu sein, stöhnten die Bewohner der Städte über alles Mögliche und träumten von einer ländlichen Idylle im Grünen. Verwöhnte und verweichlichte Dichter schwärmten vom Leben der Hirten, ohne dessen Härten zu kennen, denn für diese harte Arbeit bei Wind und Wetter in Sommer und Winter wurden meist Sklaven ausgebeutet.

Dennoch kam (und kommt) der Ruf „Zurück zur Natur!" gut an, und man sehnte sich nach der „guten alten Zeit", als die Welt „noch in Ordnung" war. Dieses verlorene Paradies aber glaubt(e) man noch bei den „rückständigen" Wilden zu finden: Dort – so vermutet der Zivilisierte – lebt man nämlich noch moralisch: Der Mensch ist (angeblich) von Natur aus so gut, dass er gar keine Gesetze braucht (er kann ja auch nicht lesen und schreiben). Dem edlen Wilde kommen also auch dann keine üblen Gedanken, wenn er nackt ist, während die gut bekleideten Zivilisierten ständig der sexuellen Unmoral zum Opfer fallen.

Kurz: Der Zivilisierte in der Metropole neigt dazu, seine eigenen Errungenschaften zu verunglimpfen und dann seine ewig unerfüllten Sehnsüchte in einen Wilden hineinzudenken, den es wohl nie gab. Ethnographen aller Zeiten benutzen dann diesen „edlen Wilden" in ihren Schriften, um die verkommenen Sitten der jeweiligen Zeitgenossen erfolgreich zu geißeln.

Caput primum

Die Gallier – wohl kaum eine „Nation"

Wenn Caesar sagt, „Gallia est omnis divisa in partes tres", meint er lediglich den von ihm schließlich dazugewonnenen Teil Galliens. Die heutige Provence war schon römisch, und die Poebene (Gallia Cisalpina) war damals ebenfalls erobertes gallisches Gebiet. Caesar hat mit dem Begriff **Gallia** eine Einheit der Menschen und Völkern vor Augen gestellt, die damals nicht vorhanden war. So hat er viel zur Selbst-Findung der Gallier beigetragen, die erst unter römischem Druck begriffen, dass es Gemeinsamkeiten gab.

Caesar nennt uns die wichtigsten Völker Galliens: die **Aquitani** zwischen der Garonne, den Pyrenäen und dem Atlantik; die im nördlichen Zentralgallien lebenden Leute, die sich Celtae nennen, während sie die Römer als **Galli** bezeichnen. Im Norden leben dann die Belgae. Sie alle bilden kein gemeinsames Staatsvolk und erleichtern so den Römern die Eroberung. Caesar gibt zu, dass sie ganz unterschiedlich leben: Sie haben ihre je eigenen Mundarten oder Sprachen, ihre sozialen Bräuche und ihre (gewiss nur mündlich überlieferten) Gesetze! Die Belger aber sind von der nach römischer Auffassung einzigen Kultur, natürlich der römischen, so weit entfernt, dass sie ihre barbarische Wildheit noch nicht abgelegt haben. So verbieten sie z. B. den Import von Wein, der angeblich verweichlichen lässt. Wein ist für Römer aber ein Symbol der Kultur: Barbaren berauschen sich mit Bier.

Die Germanen – auf der anderen Seite des Rheins

Caesar behauptet (unbewiesen und unbeweisbar), der Rhein sei die Grenze zwischen Galliern und Germanen. Während aber Caesar nur wenig von den Germanen „rechts des Rheines" wusste, kann uns der Historiker **Tacitus** rund 150 Jahre später genauere Angaben über ihren Siedlungsraum machen. Ihm hat übrigens der Beginn des Gallischen Krieges so gut gefallen, dass er seine Schrift über die Germanen („Germania") ganz ähnlich beginnen lässt (verfasst ca. 98 n. Chr.):

> „Ganz Germanien wird (von seinen Nachbarn) durch Rhein und Donau … oder Berge abgetrennt. Das Übrige umgibt der Ozean … Der Rhein entspringt im unzugänglichen und schroffen Kamm der Rätischen Alpen, wendet sich in mäßiger Biegung nach Westen und vermischt sich mit dem Nordozean. Die Donau hat ihre Quelle im weich und sanft emporgehobenen Rücken des Schwarzwaldes. Sie fließt zu vielen Völkern, bis sie schließlich mit sechs Mündungsarmen ins Schwarze Meer hineinströmt; den siebten verschlingen die Sümpfe."

Allerdings muss hier festgehalten werden: Es gab niemals einen Staat namens **Germania** und auch kein entsprechendes Staatsvolk, auch wenn sich die Deutschen in ihrer Geschichte gerne mit den Germanen identifizierten, insbesondere im Nationalsozialismus. Wie die Gallier lernten auch die Germanen erst unter römischem Druck, ein irgendwie zusammengehöriges Volk zu sein.

Caput secundum

Erfahrene Legionäre, vom Grauen geschüttelt

Bei der Verfolgung der Helvetier ist Caesar weit ins Innere Galliens vorgedrungen und hört dort schreckliche Dinge über die riesenhaften Germanen, die unter Führung eines bisher kaum bekannten Ariovistus auf gallischem Boden ein germanisches Reich errichten wollen. Caesar schildert die Situation mit einer virtuos konstruierten Periode, die scheinbar kaum zu übersetzen ist. Doch vielleicht sollten wir den Text in genau *der* Folge annehmen, wie er ihn verfasst hat. Der unglaublich lange Satz von **1,39,1** muss nämlich Wort für Wort gelesen und genossen werden. Nur dann kann man sehen, wie großartig Caesar die Germanenfurcht hier einfängt:

> „Aus Fragen unserer Leute und aus Bemerkungen von Galliern und Kaufleuten *(jetzt Geduld: Was ist passiert? Der Hauptsatz lässt auf sich warten …)*, die rühmten, dass die **Germanen** *(um diese geht es also)* von riesiger Körpergröße seien und von unglaublicher Tapferkeit und Übung in Waffen *(Horrorgestalten!)* – oft nämlich seien sie mit diesen zusammengekommen und hätten nicht einmal ihr Gesicht und die Schärfe ihres Blicks aushalten können, sagten sie *(noch eine Information, und dazu aus erster Hand = glaubwürdig)* – **hat** plötzlich *(jetzt der Hauptsatz: Wie reagiert man als Römer?)* ein so großer Schrecken das ganze Heer ergriffen, dass er in nicht geringem Maße *(Stilfigur der Litotes; meint: heftig)* aller Sinne und Geister verwirrte."

Jetzt versteht jeder Leser, warum die vor Furcht schlotternden Legionäre allenthalben ihr Testament machen und den Kriegsdienst verweigern. Übrigens: Caesar wäre nicht Caesar, hätte er seine Leute nicht doch noch „auf Vordermann" gebracht. Und den Kampf gegen diese infernalischen Wesen hat er dann für sich entschieden – welch eine Ehre für den erhabenen Feldherrn!

Tacitus beschreibt die körperlichen Merkmale der Germanen

Rund 150 Jahre später hat Tacitus dann die Germanen ganz ähnlich beschrieben. Die taciteischen Worte wurden insbesondere in Deutschland geglaubt und trugen zum deutschen Nationalismus bis hin zum Rassismus im Dritten Reich bei, da man sich seit langem unkritisch mit diesen Germanen gleichsetzte:

> „Ich (Tacitus) trete der Meinung derer bei, die glauben, die Völker Germaniens seien durch keine Heiraten mit Menschen anderer Völker verfälscht und hätten sich daher rein und unverfälscht entwickelt. Daher ist ihr äußeres Erscheinungsbild … bei allen gleich: trotzige blaue Augen, rötliches Haar, große und nur zum Angriff starke Körper. Bei Arbeiten und Mühen sind sie nicht von gleicher Ausdauer. Durst und Hitze halten sie überhaupt nicht aus. An Hunger und Kälte haben sie sich durch das Klima und den Boden gewöhnt." (Germania 4)

Wie Caesar die Rhein-„Grenze" begründet

Nach der Vertreibung der Sueben hat Caesar den Rhein – die ideale Grenze – erreicht. Aber am Niederrhein leben die Belger, die er schon im ersten Kapitel des „Gallischen Krieges" als „die tapfersten Gallier" bezeichnet hatte. Sie haben Teilstämme, unter denen wiederum die Nervier die gefährlichsten sind. Die Belger aber – so in **2, 4** – stammen teilweise von Germanen ab. Damit erklärt sich ihre besondere Tapferkeit. Sie waren aus Caesars Sicht vor ca. 50 Jahren als einzige in der Lage, die Flutwelle der Kimbern und Teutonen aufzuhalten. Jeder geschichtsbewusste Römer aber weiß, welch vernichtende Niederlagen sie damals den Römern beibrachten, bis sie Marius (102/1 v. Chr.) mit viel Mühe – sie hatten sich in zwei Gruppen aufgespalten – schlagen konnte. Wenn aber jetzt allenthalben Germanen drohen, auf den Spuren dieser Völker den Rhein zu überschreiten, dann ist in seiner Selbstaussage nun Caesar *der* Mann, der sie in ihre Schranken verweist – hinter die gegebene Grenze: den Rhein.

Caput tertium

Ein moderner Suebenbegriff

Unsere Stelle ist Caesars erster ethnographischer Exkurs: „Die Sueben". Caesar sagt uns aber nicht, welche Ausdehnung das Volk der Sueben (Sueborum gens) hatte. Germanisten leiten ihren Namen von swêbôz („die eigenen Leute") ab. Schwaben und Schweden tragen noch immer einen ähnlich klingenden Namen.

Tacitus über die Sueben

Tacitus wusste 150 Jahre später wesentlich mehr über die Sueben zu berichten. Er widmet ihren Völkern bzw. Stämmen die Kapitel 38–45 der „Germania".

(Germ. 38,1) „Sie (sc. die Sueben) haben den größeren Teil Germaniens inne. Sie bestehen aus einzelnen Stämmen mit eigenen Namen, auch wenn sie sich allgemein Sueben nennen. (2) Ein Erkennungszeichen des Volkes ist es, das Haar seitwärts zu kämmen und zu einem Knoten hochzubinden ... (39,1) Die Semnonen halten sich für die edelsten und ältesten Sueben ... Zu bestimmter Zeit gehen sie ... in einen heiligen Hain ... und opfern ... einen Menschen ... Es gibt noch eine weitere Verehrung: Nur gefesselt betritt man den Hain ... Wenn jemand zufällig hingefallen ist, darf er nicht wieder aufstehen: Über den Boden wälzt er sich (aus dem Heiligtum) hinaus. Nach ihrem Glauben hat hier das Volk (der Sueben) seinen Ursprung ... Sie wohnen in hundert Kantonen. Die Größe der Volksgruppe (der Semnonen) hat zur Folge, dass sie sich für den Hauptstamm der Sueben ansehen."

Vielleicht ist an dieser Sage sogar etwas wahr: Auf einen romanisierten Stammvater *Semno*, germanisch *Sebijo*, d. h. „Sippe", führen sich alle Sueben zurück, wie vergleichbar die Juden sich von Abraham herleiten.

Tacitus berichtet dann noch über den kleinen, aber besonders tapferen Stamm der Langobarden sowie über das Gespensterheer der Lugier, das in finsterer Nacht mit schwarz bemalten Körpern Angst und Schrecken verbreitet. Manche Forscher meinen, hier sei die erste Erwähnung der *Berserker* getan, einer germanischen Kriegerkaste, deren Mitglieder ihr gesamtes Leben dem Kriegsgott geweiht hatten.

Caesar und der suebische „Agrarkommunismus"

Doch kehren wir zu Caesar zurück: Er glaubt, die Sueben lebten noch im Zeitalter des „Agrarkommunismus". In 6, 22 erweitert er diese Behauptung auf alle Germanen. Die moderne Forschung hat dies aber als Irrtum nachgewiesen: Die weitaus meisten Germanen lebten damals von Ackerbau und Viehzucht und hatten schon überall begonnen, den endlosen Wäldern Lichtungen und Felder abzuringen. Davon hatte Caesar aber wohl noch nichts gehört. Freilich glaubten auch damals schon gewisse Kulturpessimisten, der Mensch sei so lange gut und edel gewesen, wie er kein Privateigentum an Grund und Boden kannte. Und diese Philosophen fanden und finden Nachahmer (vgl. auch unten S. 58).

Zur Ernährung der Germanen. Ihre „Freiheit"

Ebenso wiederholt Caesar in 6, 22 (für alle Germanen), was er hier von den Sueben berichtet: dass man nach Jahresfrist den Acker zu räumen habe und größtenteils von Milch, Fleisch etc. lebe und dass die Menschen riesengroß seien – während die moderne Forschung die Bevölkerung Germaniens überwiegend als fleißige Bauern nachgewiesen hat, die möglicherweise etwas größer waren als die Bewohner des Mittelmeerraumes. Wenn Caesar ihnen ein „freies Leben" zubilligt, ist das nicht unbedingt als Lob aufzufassen: Caesar sieht hier eher eine völlig chaotische Freiheit der Barbaren, die noch keinen geordneten Staat kennen.

Die suebischen Reiter: kleine Pferdekunde

Wenn die Sueben keine Sättel benutzten, war das kein Grund, sie allzu großer Rückständigkeit zu bezichtigen. Die Römer hatten nämlich erst kurz vor dem Gallischen Krieg den Sattel eingeführt. Vorher ritt man allen Ernstes mit nacktem Gesäß auf dem bloßen Pferderücken, denn das Tragen von Hosen verabscheuten die Römer als barbarisch. (Auf Reliefs auch der späteren Zeit sind „Barbaren" oft an den Hosen zu erkennen.) Sie benutzten jetzt zwar den Sattel, aber der heutzutage so selbstverständliche Steigbügel war noch nicht erfunden.

Ihre Pferde waren etwas größer als die germanischen, aber aus heutiger Sicht waren das beides Kleinpferde: die germanischen mit einer Widerristhöhe (Schulterhöhe, da die Kopfhöhe variabel ist) zwischen 120 und 130 cm; die römischen bis zu 15 cm höher. Heutige Turnierpferde tragen den Widerrist ca. 165–185 cm hoch. Diese Großpferde sind erst Züchtungen von Mittelalter und Neuzeit. Aber auch die Kleinpferde sind stark genug, einen Erwachsenen zu tragen, das Islandpferd z. B., in dem viele ein „Germanenpferd" sehen. Es beherrscht neben den bekannten Grundgangarten (Schritt, Trab, Galopp) noch Pass und Tölt („gebrochener Pass").

Der Tölt ist für den Reiter die schonendste Gangart überhaupt und kann von sehr langsam bis extrem schnell geritten werden: ideal für das sattellose Reiten! Noch im Mittelalter und der frühen Neuzeit benutzte man den Zelter (d. h. Tölter) als bequemes Reisepferd, bis bessere Wege das Fahren mit der Kutsche in größerem Umfang ermöglichten. Inzwischen war das fünfgängige Kleinpferd von den Siedlern in alle Welt mitgenommen und dort ganz nach Bedarf weitergezüchtet worden (am berühmtesten das Five Gaited American Saddle Horse, das US-Showpferd schlechthin). Der Tölt ist deshalb für den Reiter so angenehm, weil hier im Gegensatz zu Trab und Galopp das Pferd nicht springt, sondern Fuß nach Fuß beliebig schnell aufsetzt: hinten rechts – vorne rechts – hinten links – vorne links usw. Der Reiter wird sanft geschüttelt und nicht auf- und abgeworfen.

Auch wenn die Quellen schweigen, steht wohl fest, dass die antiken Völker diese Gangarten des Pferdes kannten und benutzten. Auch das römische Reisepferd ging im Tölt.

... und so funktioniert die „gemischte" Taktik

Natürlich war es besonders bei kleinen Pferden möglich, dass sich ein Fußsoldat an der Mähne festhielt, sich auf den kräftigen Ponyhals aufstützte und rhythmisch mit dem Pferd sprang, indem er die Kraft des Tieres ausnutzte. (Ähnliches zeigen im modernen Reitunterricht Kinder, die mit dem laufenden Pferd „turnen". Eine der Übungen des sogenannten Voltigierens besteht darin, sich am Pferd (Bauchgurt) festzuhalten, mitzulaufen und sich sogar auf den Rücken des Tieres zu schwingen.

Übrigens haben viele Völker in der Antike gemischt gekämpft, auch die Römer: zuletzt Caesars Onkel Marius beim Krieg in Afrika, d. h. damals vor rund 50 Jahren. Der Sinn dieser Taktik liegt in der Natur des Pferdes begründet: Es ist nämlich eigentlich ein schnelles Fluchttier. Das hat zur Folge, dass Reitertruppen schnell sind, aber die Tiere auch ebenso rasch zur panikartigen Flucht veranlasst werden können. Von keinem Reiter der Welt sind sie dann mehr zu halten. Also setzt die Reiterei an den Brennpunkten des Geschehens einen Elitetrupp der Infanterie ab, der stehfest genug ist, die vorgerückte Position zu halten. Andernfalls holt der Reiter die Fußsoldaten wieder ab.

Tacitus und die germanische Reiterei

Offenbar kannten und schätzten die Germanen ebenfalls diese Taktik, denn runde 150 Jahre nach Caesar erwähnt **Tacitus** sie ebenfalls; auch in der Einschätzung der germanischen Pferde bestätigt er Caesar:

> „Sie kämpfen mit der Fußtruppe gemeinsam; dabei passt sich an und stimmt mit dem Reiterkampf überein die Geschwindigkeit der Fußsoldaten."

> „Ihre Pferde fallen nicht durch ihre Gestalt, nicht durch Schnelligkeit auf. Man bringt ihnen auch nicht verschiedene Kreisbewegungen wie bei uns (Römern) bei. Sie (die Reiter) treiben sie geradeaus und dann in *einer* Schwenkung nach rechts, so dass nach Vollendung der Schwenkung keiner hinter dem anderen herreitet." (Germ. 6, 3)

Dies bedeutet, dass sie frontal angreifen. Man reitet parallel nebeneinander auf den Feind zu. Dann wenden sich alle gleichzeitig nach rechts – durch den in der linken Hand getragenen Schild bleiben sie gedeckt – und schleudern den Speer (oder stoßen blitzschnell mit einem sehr langen Speer zu). Dann vollenden sie die Schwenkung und reiten ebenso parallel, wie sie gekommen sind, wieder zurück.

Barbaren und Wein. Verwüstungsgürtel bei den Germanen

Das Klischee vom schlaff machenden Weingenuss kennen wir nun schon. – An den Streifen Niemandsland um die Sueben herum möchte man nicht mehr glauben. Der größte Teil des heutigen Deutschland war noch mit Urwäldern und Mooren bedeckt. Aber Caesar war bei der Schilderung dieser schaurigen Welt „am Rande der Erde" auf spärliche Informationen z. B. von Kaufleuten angewiesen. Er war in keiner besseren Situation als die Europäer, die den unendlichen südamerikanischen Urwald vor sich sahen: Dort sollte es ein Volk von *Amazonen* geben, flunkerten erste „Forscher".

Caesar bricht das Völkerrecht; erste Rheinüberquerung

Caesar kehrt nun zum Ausgangspunkt der Sueben-Ethnographie zurück: Die Usipeter und Tenctherer hatten vor den Sueben die Flucht ergriffen und den Rhein überquert. Caesar schlägt sie handstreichartig, indem er ihre zu Verhandlungen gekommenen Führer unter Bruch des Völkerrechts – das gab es damals schon – feige festnehmen lässt.

Dann baut er seine **erste Rheinbrücke**, um – übrigens erfolglos – die Sueben einzuschüchtern. Der große Strom war damals natürlich noch nicht kanalisiert wie heutzutage. Er floss samt Nebenflüssen in endlosen Schlingen durch die Rheinebene, damals ein großes Sumpfgebiet. Und noch etwas: Caesar verwüstet zwar das Gebiet rechts des Rheines vor seiner Brücke, aber er lässt sich nicht dazu verleiten, in den finsteren germanischen Urwald einzudringen, um mit den Sueben zu kämpfen. Es ist ein Stück Größe, seine Möglichkeiten nicht zu überschätzen: Die dauerhafte Eroberung dieses Gebietes blieb den Römern auch später versagt, und nach der verheerenden Niederlage im Teutoburger Wald (9 n. Chr., wohl in der Gegend um Osnabrück) beließ man es bei Caesars Rheingrenze und gab weitere Eroberungsversuche auf.

Jahrhunderte später (allmählich ab dem 3. Jh.) aber kamen aus dem germanischen Raum die Goten, Wandalen, Sueben, Langobarden usw. und zerstörten das Weströmische Reich. Dann erschienen die Franken und gründeten ihr großes Reich, das um 800 n. Chr. Westdeutschland, Frankreich und Italien (ohne den Kirchenstaat, d. h. Mittelitalien) umfasste.

Caput quartum

Die Britannienexpedition zu ungünstiger Jahreszeit

Caesars erster Britannienfeldzug war von vornherein ein großes Wagnis, ein tolles Abenteuer: Er fand statt exiguā parte aestatis reliquā. Der Herbst mit seinen sogar heute noch gefürchteten Stürmen im Nordseebereich stand vor der Tür, und es hätte geschehen können, dass Caesar bei schlechtem Wetter wochenlang in Britannien festgesessen hätte. Es lässt sich ausmalen, was dann in Gallien geschehen wäre, wo sich die Gallier auch so schon in seiner Abwesenheit erhoben. Hinzu kam, wie er richtig bemerkt, dass tatsächlich niemand Genaueres über die Insel wusste.

Ohne Reiterei kein Sieg

Caesar kam fast nur mit Fußsoldaten als ungebetener Gast hinüber. Der Empfang auf der Insel war entsprechend rau, und die Einheimischen kämpften recht geschickt ex essedis, also von Streitwagen herab, die der gebildete Römer nur aus dem berühmten Epos Homers, der „Ilias" („Kampf um Troja"), und von Schilderungen aus Alexanders Perserkriegen kannte: Das berühmte römische Mosaik zeigt, wie Alexander d. Gr. (ca. 330 v. Chr.) gegen den Kampfwagen des Perserkönigs anreitet.

Caesar muss nun sehen, wie er ohne Reiter auskommt: Da nützt ihm die vielgerühmte stabilitas peditum, der Stolz der römischen Armee, wenig: Man ist zu langsam. So muss er eiligst zum Rückzug blasen und hat das Glück, dass der Wettergott nicht gegen ihn ist. Die Britannen aber dürften an ihren Küsten Freudentänze aufgeführt haben …

Doch Caesar wäre nicht Caesar, wenn er alles auf sich hätte beruhen lassen. Erneut landet er – diesmal im Frühsommer – in Britannien.

Caesars Britannen, ein primitives Volk

In den Kapiteln 12–14 berichtet Caesar nun als erster Autor über die Britannen. Es sind unglaublich zurückgebliebene Leute. Da es keinerlei Parallelüberlieferung gibt, ist es unmöglich zu sagen, was daran wahr und was reine Phantasie des Autors ist. Sind wirklich Belger an der ihnen gegenüberliegenden Küste gelandet? Nur über die Insel Mona ist man sich jetzt einig: Früher mit der Isle of Man gleichgesetzt, hält man sie jetzt für die Insel Anglesey an der NW-Küste von Wales, die heute amtlich Ynys Môn – Isle Anglesey heißt. Die Römer haben sie 61–78 n. Chr. erobert, weil sie ein religiöses Zentrum war.

Mit ex his omnibus (zu Beginn des Kapitels 14) sind die Angaben von Kapitel 12 gemeint. Daraus folgt, dass dieses Kapitel erst später hinzugefügt wurde. Es wird sogar bestritten, dass diese Zeilen aus Caesars Feder stammen.

Die genannten Britannen frumenta non serunt, weil sie noch nicht im Zeitalter der Kultur (von: agricultura) leben. Wenn sie hauptsächlich von Milch und Fleisch leben und in Felle gehüllt herumlaufen, entsprechen sie in etwa Caesars Germanen (in: 4,1; 6,21; 6,22) und leben auf ähnlich bescheidener Kulturstufe.

Blaue Gesellen

Caesar hat gewiss aus „gut informierten Kreisen" die Sache mit den blau herumlaufenden Britannen vernommen. Da in seinem Kulturkreis das Blau-Färben mit der Waidfarbe erfolgte, nimmt er an, dass auch die Britannen genau damit Farbe ins Leben bringen. Doch ob das Färben mit Waid (Kreuzblütler; ca. 50 Unterarten) damals auf der Insel schon üblich war, ist unsicher.

Der *Färberwaid* enthält einen Saft, der sich an der Luft rasch blau färbt und jahrhundertelang als Färbemittel diente, bis er fast überall durch *Indigo* verdrängt wurde.

Lange Haare

Britannen, Germanen und andere Wilde lassen ihre Haare beliebig wachsen, meint klischeehaft der Römer. Aber angesichts der „barbarischen" Haartracht ist ihm auch ein Blick in die einstmals weniger „zivilisierte" Vergangenheit des *eigenen* Volkes gestattet:

Die Römer trugen nämlich bis ca. 300 v. Chr. langes Haar und lange Bärte. Dann kamen die ersten Friseure (tōnsōrēs; tondēre, totondī, tōnsum: scheren) aus dem „zivilisierteren" Sizilien, einem damals weitgehend griechischen Land, und schnitten an der langen Römerhaarpracht herum. Der jüngere Scipio, gestorben (ermordet?) 129 v. Chr., ließ sich offenbar als erster Senator von solch einem tōnsor mit einem Rasiermesser (novācula) glatt rasieren (rādere, rāsī, rāsum). Eitle Herren trugen das Haar dank dem Brenneisen (calamistrum) wellig oder gar in Locken (cincinnī; welch klingendes Wort!). Die römische Dame übertraf den Gatten noch in der Haarpflege: Sie türmte das Gelock in Knoten und Flechtwerk künstlich auf, befestigte und schmückte alles mit kostbaren Nadeln etc. und trug oft genug ein Netz (rēticulum) über diesen Kunstwerken, das die Reichen gerne aus Goldfäden knoten ließen.

Ganz wie heutzutage waren die tabernae (Buden) der tōnsōrēs, die tōnstrīnae (Frisierstuben) Zentren des Stadtklatsches. Alle möglichen Leute strömten hin, nur nicht Caesar. Der war nämlich – im Gegensatz zu seinen von schmeichlerischen Bildhauern hergestellten Porträts – glatzköpfig und ließ sich gewiss zu Hause von seinem eigenen tōnsor rasieren.

„Ehe" bei den Britannen

Zum Schluss des Kapitels 14 wendet sich Caesar der Sexualität der Britannen zu. Nach seinen Informationen lebt man auf der Insel in der *Gruppenehe*, d. h. eine bestimmte Zahl Männer ist mit einer ebenso oder ähnlich großen Zahl Frauen „verheiratet". In einer derartigen „Ehe" bestimmt die Frau die Erblinie („Matrilinearität", mitunter als „Matriarchat/Herrschaft der Frauen" verstanden – römische Männer, die Caesars Worte lasen, bekamen eine Gänsehaut). Zu solcher Gruppenehe gehört der „eheliche" Verkehr der Söhne mit den „Müttern", von denen natürlich nur *eine* die leibliche ist, und die kennt der junge Mann ja. Sie ist für den Sohn der einzige Bezugspunkt, weil nur die Götter der Britannen wissen, wer von den vielen Männern sein Vater ist, es sei denn das Söhnchen ist ihm „aus dem Gesicht geschnitten".

Tacitus und die Britannen (ca. 100 n. Chr.)

Tacitus schreibt übrigens ca. 150 Jahre später ebenfalls über die Britannen: Sein Schwiegervater *Agricola* war nämlich maßgeblich an der Eroberung der Insel (mit Ausnahme Schottlands!) beteiligt, und ihm widmete Tacitus eine Biographie. Darin lesen wir im 11. und 12. Kapitel Folgendes:

> (1) „Übrigens habe ich nicht recht herausgefunden, welche Leute Britannien am Anfang bewohnten, Eingeborene oder Zugewanderte. (2) Ihr äußeres Erscheinungsbild ist unterschiedlich, und daher stammen die Argumente: Denn die rötlichen Haare und die großen Gliedmaßen der Bewohner von Caledonia verweisen auf germanische Herkunft. Die getönten Gesichter der Siluren, ihr meist krauses Haar und das ihnen gegenüberliegende Hispania („Spanien") machen glauben, dass die alten Iberer (d. h. Ureinwohner in Spanien) übergesetzt und dort wohnhaft geworden sind. (3) Wenn man aber alle Argumente gegeneinander abwägt, haben wahrscheinlich die Gallier die benachbarte Insel besiedelt.

(12,1) Ihre Kampfkraft liegt beim Fußvolk. Manche Stämme kämpfen auch mit dem Streitwagen. (3) Ihr Landesklima ist wegen der häufigen Regenfälle und des Nebels scheußlich. Dafür gibt es dort aber keinen harten Frost. Die Tage sind bei ihnen länger als in unseren Breiten. Die Nacht ist im nördlichsten Britannien so kurz, dass man Sonnenunter- und Sonnenaufgang nur durch einen kurzen Abstand voneinander unterscheiden kann. (6) Es gibt in Britannien Gold, Silber und andere Metalle. Das hat die Eroberung für uns zu einem lohnenden Geschäft gemacht."

Für die antiken Ethnographen lautet die erste Frage: Ist dieses Volk wie eine Pflanze aus dem Boden seines Landes hervorgesprosst, oder ist die Bevölkerung eingewandert, oder: Haben sich Einwanderer mit Eingeborenen vermischt? Die Römer sahen den Ursprung ihres Volkes in der Vermischung von eingewanderten Trojanern und *Aborigines*, d. h. solchen, die das Land an Ort und Stelle hervorgebracht hatte.

Die letzte Meldung allerdings ist neu. Caesars Zeitgenosse, der große Literat Cicero, hatte nämlich noch gemeldet (ad fam. 7,7,1): „In Britannia nihil esse audio neque auri neque argenti." Sein Bruder war nämlich an Caesars Seite im Range eines Legaten hinübergesegelt.

Marcus Tullius Cicero an seinen Bruder

An ihn schrieb Cicero begeistert, wenn auch in aller Kürze (Cicero ad Quintum II, 16,4):

„Oh, wie angenehm ist mir dein Schreiben aus Britannia. Ich fürchtete das Meer, ich fürchtete die Küste der Insel. Doch ich verachte auch nicht die übrigen Dinge. Die tragen wohl mehr der freudigen Hoffnung als der Furcht in sich. In Erwartung dieser bin ich nervöser als aus Furcht (um dich). Ich sehe nämlich, Du hast da eine ausgezeichnete Gelegenheit, mir zu schreiben, welche Gegenden, welche Formen der Landschaften, welche Bräuche (der Eingeborenen), welche Stämme, welche Schlachten, und was aber du für einen Kommandeur hast."

Caput quintum

Caesar zur politischen und sozialen Spaltung Galliens (cc. 11–13)

Caesar beschreibt zunächst die tiefe Spaltung der gallischen Gesellschaft und meint, dies sei schon immer so gewesen. Wir sind heutzutage nicht in der Lage, seine Aussage zu überprüfen. Immerhin mag es erschütternd sein, wenn die große Mehrheit fast wie Sklaven vegetierte. Dann wäre die römische Eroberung ja eher eine Befreiung! Nach der unausweichlichen Entmachtung von Adel und Druiden müsste es dem „kleinen Mann" besser als vorher gehen, und so *war* es dann auch: Nach Caesars Abzug haben sich die Gallier nie mehr ernsthaft gegen die römische Herrschaft erhoben, haben sich unglaublich schnell „romanisieren" lassen, und die heutigen Franzosen fühlen sich als Glied der romanischen Welt. Daran ändert auch nichts die erfundene Figur eines Asterix! Ganz im Gegenteil!

Über die gallischen Ritter (equites) schreibt Caesar wenig (c.15): Es gab offenbar dort – wie bei den meisten frühen Kulturen – einen kämpfenden Adel, dessen Größe an der Zahl der dem einzelnen Ritter untergeordneten Menschen zu ersehen ist. In „sagenhafter" Zeit war dies in Rom ebenso. Doch dann führten die Römer zunächst eine allgemeine Wehrpflicht ein und kämpften seit etwa 100 v. Chr. zunehmend mit Berufsarmeen. Die equites bildeten nun die zweite Klasse des Staatsvolks und waren Träger der Wirtschaft („Roms Kapitalisten'). – Im Mittelalter setzte sich überall in Europa wieder ein ritterlicher Adel durch.

Caesar und die Religion der Gallier

Ob die gallische Religion aus Britannien importiert wurde? Auch hier ist Caesar unser einziger Gewährsmann. Aber man darf annehmen, dass es ihm so berichtet wurde ... Dies (c. 16) gilt auch für seine übrigen Bemerkungen zur gallischen Religion. Folglich fächert sich die Meinung der heutigen Forscher zwischen den Extremen der völligen Ablehnung und des absoluten Glaubens an Caesars Berichte auf. Auf jeden Fall ist für Religionsforscher Caesars Abschnitt über die gallische Religion viel zu allgemein gehalten und lässt viele Fragen offen: Natürlich kümmern sich Priester um Moral und Seelenleben, natürlich traditionell auch um Astronomie und Astrologie.

Menschenopfer links und rechts des Rheines

In Kapitel 16 lässt Caesar es seinen römischen Lesern eiskalt den Rücken herunterlaufen: Diese Gallier opfern (noch) Menschen! Zu ergänzen wäre: Ursprünglich taten dies auch die Römer und weiß Gott wer noch ... Zum Menschenopfer gehört traditionell das Opfermahl, der Kannibalismus, den der Mensch der Vorzeit ausübte. Das Grauen dieser Opferungen zeigt Caesar besonders mit den Worten: vivis hominibus.

Übrigens berichtet **Tacitus,** auch bei den germanischen Semnonen habe es Menschenopfer gegeben:

> „Sie kommen zusammen, und nachdem von Staats wegen ein Mensch geschlachtet wurde, zelebrieren sie einen grauenerregenden urtümlichen, barbarischen Ritus." (Germania 39,1)

Gallische Götter und „Interpretatio Romana"

Das Kapitel 17 beginnt Caesar mit: „Deorum maxime Mercurium colunt." Mit eben diesen Worten beginnt später Tacitus das 9. Kapitel seiner „Germania". Er fügt hinzu, dass man in Germanien diesem Gott *Menschenopfer* darbringe ... Beide Autoren verwenden dieselbe Technik, die Tacitus als Interpretatio Romana bezeichnet. Das bedeutet Folgendes: Hätten Caesar und Tacitus dem römischen Lesepublikum den *richtigen Namen* des gemeinten Gottes genannt, hätten darauf weitere Erläuterungen folgen müssen. Der römische Leser kannte den fremden Gott schließlich noch nicht. Wenn unsere Autoren aber sagen, man verehrt dort den Mercurius, dann sagte sich der römische Leser: „Aha, die Gallier bzw. Germanen haben eine Gottheit, die sich in ihrer Funktion in etwa mit unserem Mercurius deckt." Umgekehrt hätte ein Germane nach einer Romreise zu seinen Stammesbrüdern sagen können: „Stellt euch vor, in Rom verehren sie unseren Wotan. Menschenopfer bekommt er dort aber nicht." Der Germane hätte dann seine Leute über Jupiter mit dem Trick der „Interpretatio Germana" ins Bild gesetzt, ohne viele Worte zu verlieren.

Ebenso erspart sich Caesar eine lange Rede, indem er anschließend die „gallischen" Götter Apollo, Mars, Jupiter und Minerva auflistet, mit der die Kultur beginnt: Minerva aber wurde in Rom mit der griechischen Göttin Athene gleichgesetzt, der Patronin u. a. des Handwerks etc. – Religionen überwinden mühelos jede Staatsgrenze.

Übrigens duldete das römische Recht keine Folter an römischen Bürgern. Hingegen wurden die bedauernswerten Sklaven in Rom fast immer unter der Folter verhört. Darauf spielt Caesar mit supplicium cum cruciatu an.

Die Gallier, Kinder der Unterwelt und Finsternis

Im Kapitel 18 erfahren wir: Alle Gallier stammen ab Dite patre ab, vom Gott der Unterwelt. Ganz ähnlich behaupten die Germanen – so Tacitus in seiner „Germania", Kapitel 2 – alle

52

Söhne eines gewissen Mannus zu sein. Die Antike glaubte tatsächlich daran, dass verschiedene Völker völlig unabhängig voneinander entstanden und wie Pflanzen aus dem Boden ihres Landes emporgesprossen seien. Alle Angehörigen dieses *einen* Volkes wären dann „Brüder". Heute weiß man es besser: Alle Menschen auf Erden sind biologisch eng verwandt, sind Brüder! Doch wann zieht man die Konsequenzen daraus?

Als „Söhne der Unterwelt, der Finsternis" beginnen die Gallier – so Caesar – in ihrer „verkehrten Welt" den Tag mit der Nacht, nicht wie die Römer mit Tagesanbruch. Auch die Germanen – so Tacitus – ließen den Tag mitten in der Nacht anbrechen: „Sie rechnen nicht nach der Zahl der Tage, wie wir (Römer), sondern der Nächte. So setzen sie den Termin fest und treffen eine Vereinbarung: Die Nacht scheint den Tag anzuführen." (Tacitus, Germania 11,1) Wir heutzutage haben uns Galliern und Germanen angeschlossen und beginnen den Tag um „Null Uhr".

Mitgift oder nicht

Mit dem 19. Kapitel wendet sich Caesar der Mitgiftfrage zu. Mitgift – heutzutage bei uns unbekannt – bedeutet: „in die Ehe Mitgegebenes". Caesar geht von den für ihn gewohnten römischen Verhältnissen aus: Die Mitgift der Frau ist eine Ehebedingung. In der „verkehrten Welt" der Gallier gibt es auch eine Mitgift des Mannes. Also: Entweder beide Partner steuern etwas bei, oder keiner. (Eine Ehe mit einer mitgiftlosen Frau war in Roms „besseren" Kreisen, und dazu gehörte Caesar, wenig populär.) – Ob Caesars Informationen den Tatsachen entsprechen, lässt sich auch in diesem Falle nicht beweisen.

Patriarchalische Verhältnisse. Bestattung

Dann wendet sich Caesar der ungeheuren Macht des männlichen Familienoberhauptes zu: Es ist in Gallien ganz so, wie es früher in Rom war, als der Vater im Ernstfall seinen Sohn sogar töten durfte … „Primitive" Kulturen erlauben – so glaubt man – durch ihr Beispiel den Blick zurück in die Vergangenheit des *eigenen* (inzwischen zivilisierten) Volkes.

Zuletzt berichtet Caesar – und da ist er korrekt, wie die Funde beweisen – über die Feuerbestattung der Gallier. Da die meisten (vornehmen) Römer eben diese Bestattungsform bevorzugen, ist an der gallischen nichts Besonderes. Die Gallier geben sich alle Mühe, sie prunkvoll zu gestalten. Aber sie gerät nur aus gallischer Sicht so, aus „römischer" (Caesar meint natürlich seine senatorischen Kreise) wohl kaum! Es sei dennoch daran erinnert, dass Millionen Proletarier in Rom im Armengrab ihre letzte Ruhe fanden.

Auch an dieser Stelle ist der Vergleich mit den Germanen bei **Tacitus** interessant:

> „Bei den Beisetzungen gibt es kein Prunken. Man achtet nur darauf, dass die Leichen bedeutender Männer mit bestimmten Holzarten eingeäschert werden. Sie werfen keine Tuche und kein Räucherwerk auf den Scheiterhaufen … Über dem Grab erhebt sich Rasen. Ehrung durch hoch aufragende und kunstvolle Grabmäler verschmähen sie … Für Frauen ist das Klagen ehrenvoll, für die Männer das Gedenken." (Germania 27,1)

Tacitus wie Caesar schließen mit den Beisetzungsriten die Beschreibung der allgemeinen Bräuche der Germanen bzw. Gallier.

Unwissende Barbaren?

Im Kapitel 20 beschreibt Caesar die Gallier als homines temerarios atque imperitos. Jeder gebildete Römer fasst das so auf: „typische Barbaren"! Dem lassen sich Informationen, die

Caesar selbst an anderer Stelle in den „Commentarii" gibt, gegenüberstellen. So erfahren wir in 7, 23 Lesenswertes über die typischen **gallischen Mauern**:

> „Die gallischen Mauern haben in der Regel folgende Gestalt: Gerade Bauhölzer werden hintereinander senkrecht zur Mauerrichtung mit gleichem Zwischenraum etwa zwei Fuß voneinander entfernt auf die Erde gelegt. (2) Sie werden nach innen zu verbunden und mit gewaltigen Erdaufschüttungen verkleidet. (3) Die erwähnten Zwischenräume werden nach außen hin mit großen Felsbrocken ausgefüllt. Wenn dies als Grundlage angelegt und festgestampft ist, wird eine weitere Schicht oben draufgesetzt, und zwar so, dass man den gleichen Abstand wahrt, so dass die Bauhölzer nicht miteinander in Berührung kommen, sondern bei gleichem Zwischenraum einzeln für sich liegen, jedoch durch die dazwischen eingelassenen Felsbrocken eng zusammengehalten werden. (4) So wird das ganze Bauwerk zusammengefügt, bis die Mauer auf ihre richtige Höhe gebracht ist." (Übers.: M. Deissmann, Caesar, B. G., Reclam, Stuttgart 1980, S. 401)

Die Ausgrabungen bestätigen Caesars Angaben: Ein Holzgerüst ohne senkrechte Pfosten ist das Skelett der Mauer. Allerdings konnten sich die Balken bei solide gebauten Mauern dennoch berühren. Diese Mauer war Caesars Rammböcken nicht gewachsen. So haben die Gallier die Mauern auf der Rückseite durch Erdwälle gestützt und als elastisches Bollwerk den römischen Belagerungsmaschinen entgegengestellt.

Und im dritten Buch, Kapitel 13, überliefert uns Caesar mit erstaunlicher Detailkenntnis die Konstruktion der **gallischen Schiffe** bei den Venetern an der Atlantikküste nördlich der Loiremündung:

> „(1) Ihre Kiele waren erheblich flacher als die bei unseren Schiffen. So konnte man sie leichter über seichte Stellen … steuern. (2) Hingegen ragten Bug und Heck steil empor. Das ist außerordentlich praktisch bei Flut und Stürmen. (3) Die Schiffe waren völlig aus stabilem Holz gefertigt, damit sie so jede starke Erschütterung ertragen konnten. (4) Die Ruderbänke … waren mit daumendicken Nägeln befestigt. (5) Die Anker hingen … an eisernen Ketten. (6) Als Segel verwendete man Felle oder fein gegerbtes Leder …, weil gewöhnliche Segel die mächtigen Stürme auf dem Ozean nicht aushalten … (7) Ein Konflikt dieser Schiffe mit unserer Flotte machte klar, dass unsere … an Schnelligkeit … überlegen waren. Hingegen eigneten sich die Schiffe der Veneter erheblich besser für die geographischen Umstände und die Gewalt der dortigen Stürme."

„Flottenadmiral" Caesar

Die Schiffe der Veneter hielten sogar der Gewalt des Rammsporns der römischen stand, waren aufgrund ihrer Höhe nur schwer zu entern, liefen besser vor dem Wind und wagten sich im Gegensatz zu den tiefer liegenden römischen in flaches Gewässer. Kurz: Caesars Matrosen zitterten vor möglichen Seeschlachten mit ihnen. Im Kapitel 15 schildert Caesar dann, wie er der gesamten Flotte der Veneter dennoch Herr wurde. Zunächst kesselte er wegen seiner zahlenmäßigen Überlegenheit einzelne Schiffe ein. Als daraufhin die gallische Flotte die Flucht ergreifen wollte, schickten die Götter des Windes bald eine völlige Flaute. So ruderten die Römer gemütlich an ein Schiff nach dem anderen heran und enterten es. Caesar und seine Landstreitkräfte beobachteten vergnügt das Spektakel von einem erhöhten Platze aus … Diese Stelle ist im „Bellum Gallicum" einzig: Caesar als *Flottenadmiral* in vollem Einsatz!

Caput sextum

Voraussetzungen für Caesars Bericht –

Bevor wir uns an eine eingehende Kritik von Caesars Germanen-Ethnographie machen, wollen wir uns seine ungünstigen Voraussetzungen vor Augen führen: Bis auf zwei kurze Rheinüberquerungen hat unser Autor das von ihm **Germania** genannte Land nie betreten. Seine Informationen stammen also wenigstens aus zweiter Hand, nämlich von irgendwelchen tollkühnen Kaufleuten, die sich durch die rechtsrheinische Wildnis geschlagen hatten. Aber auch diese dürften wenig von Volk, Sprache und Kultur der Einheimischen verstanden und daher das tollste Zeug weitererzählt haben. Seit dem siebten Kriegsjahr schart Caesar aber eine germanische Reiterei wie eine Leibgarde um sich. Von ihnen hätte der große Feldherr durch beharrliches Befragen erheblich mehr, als im Exkurs des sechsten Buches steht, erfahren können …

So ist für Neugierige heutzutage seine Beschreibung der Germanen recht dünn ausgefallen und widerspricht in vielen Belangen dem Bericht des 150 Jahre später publizierenden Tacitus sowie dem Befund der modernen Archäologie.

– und dessen große Bedeutung

Dennoch ist der Wert unserer Stelle hoch einzuschätzen: Hier liegt der erste Bericht über das „Volk" der Germanen vor. Spätere Autoren übernahmen oder verwarfen einiges aus Caesars Berichten. In einem Punkt aber folgten ihm die meisten bis heute: in der Feststellung, dass es *rechts des Rheines* tatsächlich dieses *Germanenvolk* gab. Oder haben erst aufgrund der *römischen* Publikationen die rechtsrheinischen Wilden von außen beeinflusst allmählich festgestellt, dass man sie alle zusammen als Germanen bezeichnete und dann diesen Namen auch selbst verwendete, wie es ganz ähnlich die *Indianer* machten?! Denn auch die vielen Völker der amerikanischen Ureinwohner wussten nichts von einer Zusammengehörigkeit, bis sie von den europäischen Unterdrückern insgesamt als Indianer bezeichnet wurden.

Wie Caesar die Germanen einführt

Vieles, was uns nun in Caesars Germanen-Ethnographie begegnen wird, ist bereits in seiner Sueben-Ethnographie vorweggenommen (vgl. Caput tertium) und wird jetzt auf alle Germanen ausgeweitet. Das ist schon deshalb verständlich, weil nach Caesar und Tacitus die Sueben der mit großem Abstand bedeutendste Stamm der Germanen sind.

Und schon seit dem ersten Kapitel des „Gallischen Krieges" weiß man, dass Caesar die Germanen in ständigem Gegensatz zu den Galliern sieht. So ist es nur logisch, wenn er auch ihre Ethnographie so beginnt: „Die Germanen haben völlig andere Bräuche."

Zur Religion der Germanen

Sie erkennen nur Götter an, die man sehen kann: Sonnengott, Vulcanus, Mondgöttin. Damit unterstellt Caesar ihnen eine recht primitive Naturreligion.

Als germanische Besonderheit erwähnt er hier leider nicht mehr das **Losorakel**. Darüber finden sich nämlich im ersten Buch zwei bemerkenswerte Stellen: In 1, 50, 4 sagt Caesar, er habe erfahren, „dass es bei den Germanen die Gewohnheit gäbe, dass deren Familienmütter mit Losstäbchen und Weissagungen erklärten, ob es günstig sei, eine Schlacht zu schlagen, oder nicht." Als dann wenig später Valerius Procillus in germanische Gefangenschaft gerät, aus der er wieder befreit werden kann, erzählt er darüber Folgendes:

„In seiner Anwesenheit sei dreimal über ihn das Losorakel befragt worden, ob er sofort verbrannt werden oder für einen anderen Zeitpunkt aufgehoben werden solle: Durch die Gunst der Lose sei er unversehrt (entkommen)." (1,53,7)

Tacitus bestätigt und präzisiert Caesars Angaben in seiner „Germania" (Kapitel 10,1):

„Die Gewohnheit der Losorakel ist einfach: Sie zerteilen einen Zweig, der von einem fruchttragenden Baum abgeschnitten ist, in Stäbchen, versehen diese mit gewissen Merkmalen und streuen sie völlig wahllos über ein weißes Tuch. Der Priester … oder Familienvater betet, blickt gen Himmel, hebt dreimal je ein Stäbchen auf und legt diese entsprechend dem vorher eingeritzten Zeichen aus."

Möglicherweise – diese Frage ist umstritten – erwähnen Caesar und Tacitus hier den Beginn der germanischen Runenschrift. Wahrscheinlich kommen von diesen Losstäbchen unsere Begriffe Buch*stabe* und *Stab*reim. Im Englischen heißt schreiben *write*, „ritzen".

Tacitus zu den germanischen Göttern

In der Götterfrage ist Tacitus aber völlig anderer Meinung als Caesar. Zwar schreibt er rund 150 Jahre später, doch ist es eher anzunehmen, dass er inzwischen zuverlässigere Informanten hatte, als dass sich die Religion in Germanien derart rasch entwickelt und verändert hätte:

„Von den Göttern verehren sie am meisten den Mercurius. Sie haben das Recht, ihm an bestimmten Tagen Menschenopfer darzubringen. Hercules und Mars stimmen sie mit erlaubten Tieropfern gnädig. Ein Teil der Sueben opfert auch der Isis … Im Übrigen halten sie es aufgrund der Größe der Himmlischen (Götter) nicht für angebracht, die Götter innerhalb von Wänden einzuschließen, noch Götterstatuen in irgendwie menschlicher Gestalt herzustellen. Sie weihen ihnen Haine und Wälder …" (Germania 9)

Aber auch Tacitus hat uns nicht wesentlich weitergebracht. Seine in Form der Interpretatio Romana vorgetragenen Götter haben nämlich bis heute ihr Geheimnis nicht ganz preisgegeben. Vielmehr setzte unter Germanisten ein eifriges Rätselraten ein, wer mit diesen Namen wirklich gemeint sei. Mercurius wird meist mit Wotan gleichgesetzt, Hercules höchst unsicher mit Donar und Mars mit dem ehemaligen Himmelsgott Ziu. Beweisen lässt sich aber nichts.

Wotan ist übrigens „der, welcher wütet", der Gott der Schlachten und des Totenheeres; Donar der „Donnerer", ein Gott des Wetters und der Landwirtschaft. Auf seinen ausgedehnten Reisen erschlug er mit seinem Hammer zahlreiche Ungeheuer; daher die mögliche Gleichsetzung mit dem keulenschwingenden Hercules …

Wie die Götter im nördlichen Europa aussahen, weiß man inzwischen durch Funde in Mooren, in denen es keine oder nur geringe Verwesungsprozesse gibt: Man stellte „primitive" Pfahlgötzen auf, die in Skandinavien noch viele Jahrhunderte nach Caesar hier und dort anzutreffen waren.

Nomaden oder Bauern?

Da Caesar, wie wir sahen, die Germanen für noch primitiver hielt, als sie waren, unterstellt er ihnen, sich hauptsächlich von der Jagd zu ernähren. Sie wären demnach jagende Nomaden gewesen, mit ersten Ansätzen zum Hirten. Dem widerspricht Tacitus energisch: „Sie sind nicht viel auf der Jagd!" (Germania 15,1) Und im 23. Kapitel beschreibt er, wie sich die Germanen von landwirtschaftlichen Produkten ernähren:

„Sie haben ein Getränk aus Gerste, das durch Gärung in eine Ähnlichkeit mit Wein gebracht wird. Die ganz nah am Rhein Wohnenden kaufen auch Wein. Ihre Speisen sind einfach: ländliche Früchte, nicht abgehangenes Wildbret oder geronnene Milch. Ohne aufwendige Zubereitung, ohne Gewürze vertreiben sie den Hunger."

Heutige Erkenntnisse über die germanische Landwirtschaft

Man trinkt bis heute in „Germania" den Gerstensaft. Landwirtschaftliche Produkte der Germanen hat die Archäologie reichlich und vielseitig zu Tage gefördert, vor allem alte Getreidesorten, die Vorgänger der Gerste (Bier!), des Weizens, Hafers, Roggens, der Hirse, von Erbsen, Bohnen, Möhren, Rüben, Kohl, Rettich und Spargel. Man lebte gesund! Färberwaid (dazu s. o. S. 49 zu c. 4: *Blaue Gesellen*) wurde hier schon angebaut, um Gewänder etc. blau zu färben. Obstanbau steckte noch in den Anfängen: Äpfel, Birnen, Pflaumen etc. sowie der Wein kamen erst unter römischer Vermittlung auf den nordischen Tisch. Dazu züchtete man bei den Nordlandbewohnern die bis heute üblichen Haustiere, die damals alle deutlich kleiner und gewiss gesünder waren als heutige Arten. Man hatte übrigens keine Bedenken, auch Pferde zu verspeisen – um hier endlich mit einem alten Vorurteil aufzuräumen. Erst das *Christentum* stellte im frühen Mittelalter dieses Fleisch allmählich unter Tabu, weil man es auf „heidnischen" Götterfesten beim Opfermahl verwendete.

Jäger waren bei den Germanen wohl nur wenige Privilegierte, und die Knochenfunde von damaligen Abfallplätzen usw. weisen relativ wenig Wild auf der Speisekarte nach. Das breite Volk der Bauern ging höchstens noch nebenbei auf die Jagd.

Zur Körpergröße der Germanen

Caesar meint, die von ihm angenommene keusche (d. h. sexuell enthaltsame) Lebensweise „nähre die Gestalt, nähre Muskelkräfte und sexuelle Potenz (vires nervosque)" der Germanen. Das ist der verzweifelte Versuch, die dem Römer auffallende Größe der Germanen zu erklären. Diese Deutung ist aber nichts anderes als der bekannte nie bewiesene „Lehrsatz" der antiken Medizin: „Männer, die keusch bleiben, sind stärker und besser als die anderen und verbringen ihr Leben bei besserer Gesundheit", meinte der antike Arzt Soranos (Gynaecia 17, 20,2).

Barbarische Badegewohnheiten

Auch über die germanischen Badegewohnheiten sind wir ausschließlich von Caesar informiert: Männer und Frauen springen gemeinsam mit Todesverachtung in Germaniens eisige Flüsse. Keiner findet etwas dabei: Sie sind unschuldig wie Kinder! Da staunt der römische Leser. In Rom hat man nämlich trotz aller Kleidung wenig Freude an strenger Moral …

Gebadet wurde im antiken Rom übrigens nach Geschlechtern getrennt – das wissen wir z. B. aus der Raumaufteilung der Thermen in Stabiae – und ebenfalls nackt: Beim römischen Dichter Apuleius finden wir dazu folgenden Spruch: „Auch zehn Bademeister können einen Nackten nicht ausziehen" (vgl. heute: „Einem Nackten kann man nicht in die Tasche greifen").

Barbarische Kleidung

Selbstverständlich musste Caesar annehmen, dass sich diese wilden „Jäger" mit Fellen verhüllten, wenn es kalt wurde. Doch durch Ausgrabungen und Funde im konservierenden Moor wissen wir es inzwischen besser: Der Germane trug Textilien aus Leinen (Hosen, Hemden, Kittel usw.) und lederne Schuhe. Die „knalleng" getragenen Hosen der Germanen – für den Winter erfand man die Strumpf-Hose – sollten sich dereinst die Welt erobern.

Die Germanin trug Kleider, die auch heute noch tragbar wären – verschieden lang und schön gemustert; besonders kostbare Gewänder waren nahtlos rundgewebt –, und liebte Schmuck.

Erste Ansätze zur Agrikultur; Agrarkommunismus

Oben (in *Nomaden oder Bauern?*, S. 56) haben wir erfahren, dass Caesar die Germanen noch für Nomaden hielt. Auch im Kapitel 22 bleibt Caesar seiner Linie treu bzw. benutzt weiterhin dieselben Informanten: „Agri culturae non student." Sesshaft sind sie seiner Meinung also nicht, ernähren sich aber von Milch- und Fleischprodukten: Sie sind z.T. noch wandernde Hirten, Nomaden! Soweit sie dennoch schon Ackerbau betreiben, meint Caesar, dulden sie keinen Privatbesitz an Land und müssen Jahr für Jahr weiterziehen. Wir nennen diese Form der Landwirtschaft, die Caesar irrtümlich den Germanen zuschreibt, *Agrarkommunismus.*

Ob es diesen je gab, ist umstritten. Aber antike und moderne Philosophen glaub(t)en, so hätte der edle Mensch der Vorzeit gelebt. So schrieb der berühmte Genfer Philosoph J. J. Rousseau 1754/55 (in: J. J. R., *Diskurs über die Ungleichheit*, übersetzt und kommentiert von H. Meier, Verlag F. Schöningh, Paderborn etc. 1984, S. 194):

> „Solange sich die Menschen mit ihren ländlichen Hütten begnügten, solange sie sich darauf beschränkten, ihre Kleider aus Häuten mit Dornen oder Gräten zu nähen, sich mit Federn und Muscheln zu schmücken, sich den Körper mit verschiedenen Farben zu bemalen, ihre Bogen und ihre Pfeile zu vervollkommnen oder zu verschönern …, mit einem Wort: Solange sie sich nur Arbeiten widmeten, die ein einzelner bewältigen konnte …, lebten sie so frei, gesund und glücklich, wie sie es ihrer Natur nach sein konnten … Aber von dem Augenblick an, da ein Mensch die Hilfe eines andern nötig hatte, sobald man bemerkte, dass es … nützlich war, Vorräte … zu haben, verschwand die Gleichheit, das Eigentum kam auf, die Arbeit wurde notwendig, und die weiten Wälder verwandelten sich in lachende Felder, die mit dem Schweiß der Menschen getränkt werden mussten, und in denen man bald die Sklaverei und das Elend sprießen und mit den Ernten wachsen sah."

Caesar führt abschließend etliche ‚philosophische' Gründe der Germanen selbst für ihren Agrarkommunismus an.

Niemandsland und Raubzüge

Mit Kapitel 23 kommt er auf den „suebischen" Verwüstungsgürtel zurück: So etwas streben auch alle anderen Stämme in Germanien an, meint Caesar. Wir können auch hier seine Behauptung nicht überprüfen. Sie wird angezweifelt.

Seine Bemerkung, Räuberei sei in Germanien *keine* Schande, muss mit der Aussicht auf das dadurch verursachte Chaos für den an staatliche Ordnung und Institutionen gewöhnten Römer ein Graus sein.

Führer und Folgende

In der staatlich nicht geordneten Welt der Germanen sieht Caesar das hier ganz natürliche Prinzip von Führer und Folgenden. Im Mittelalter formte sich daraus die festinstallierte „Gefolgschaft" auf mehreren Ebenen. Es ist aber in der Forschung umstritten, ob Caesars Darstellung wirklich als eine Vorform des „Gefolgschaftswesens" angesehen werden kann. Tacitus jedenfalls stimmt mit Caesar hier völlig überein:

> „Hervorragender Adel oder große Verdienste der Väter verleihen sogar jungen Männern die Würde eines Führers. (Ansonsten) schließen sie sich den stärkeren und schon

längst erprobten an, und es ist keine Schande, unter den Gefolgsleuten gesehen zu werden. (Germania 13,2) Wenn es zur Schlacht gekommen ist, ist es für den Führer eine Schande, an Tapferkeit übertroffen zu werden, eine Schande für das Gefolge, die Tapferkeit des Führers nicht zu erreichen. Aber es ist die entsetzlichste Schande für das ganze Leben, seinen Führer überlebend sich aus der Schlacht zurückgezogen zu haben: Ihn zu verteidigen, zu schützen, ihm die eigenen Heldentaten zuzusprechen, das ist oberster Eid. Die Führer kämpfen um den Sieg, die Gefolgsleute für den Führer." (Germania 14,1)

Zur Gastfreundschaft

Nach dem Thema „Führer und Folgende" widmet sich Caesar der germanischen Gastfreundschaft: Sie ist so groß wie in den meisten „primitiven" Kulturen, in denen es noch keine kommerziellen Gasthäuser gibt. Auch Römer und Griechen sahen sich einst in der Pflicht gegenüber Fremdlingen: Zeus, Göttervater der Griechen, hat u. a. den Beinamen „Xenios" (d. h. Schützer der Fremdlinge). Doch zu Caesars Zeiten war die Gastronomie längst zu einem Gewerbe geworden.

Übrigens unterstreicht auch **Tacitus** die Gastlichkeit der Germanen (Germania 21,2):

> „Irgendeinen Menschen vom eigenen Haus fernzuhalten, wird für Frevel gehalten. Entsprechend seinem Vermögen nimmt ihn jeder mit zubereiteten Mahlzeiten auf. Wenn die Essensvorräte ausgehen, geleitet der ehemalige Gastgeber den Gast zu einer neuen Herberge: Sie gehen ohne Einladung zum nächsten Haus, und dort gibt es keinen Unterschied. Mit gleicher Menschlichkeit werden sie dort aufgenommen …"

Traurigerweise aber kann die moderne Forschung in „germanischen" Quellen keine Bestätigung für Caesar und Tacitus finden. Das heißt aber nicht, dass sie Unrecht haben. Andererseits freut sich der *römische* Leser, mit diesen Texten einen Blick in fernere Vergangenheiten des *eigenen* Volkes zu tun, als die Welt „noch in Ordnung" war, einen Blick in die „gute alte Zeit".

Gallier einst tapferer als Germanen?

Im Kapitel 24 behauptet Caesar, die Gallier seien dereinst über den Rhein siegreich gegen die Germanen vorgedrungen. Heutzutage sind die Forscher eher vom Gegenteil überzeugt: Germanen verdrängten die keltischen Stämme aus „Süddeutschland". **Tacitus** jedenfalls nahm Caesars Theorie begeistert auf:

> „Dass einst die (Angelegenheiten der) Gallier stärker (als die Germanen) gewesen seien, überliefert der zum Gott erklärte Julius (Caesar), der bedeutendste Autor." (Germania 28,1)

Caesar und Tacitus bleiben also bei der Rhein-Grenze, räumen aber deren Durchlässigkeit ein. Ist aber eine so strikte Trennung in die beiden „Völker" noch möglich, wenn „einst" die Gallier siegreich nach Osten marschierten und (aus Caesars Sicht) jetzt seit rund 50 Jahren die Germanen westwärts ziehen? Und woran liegt nach Caesar dieser Umschwung? An der Nähe zum Imperium Romanum („provinciarum propinquitas" – eine schöne Alliteration)! Seit dem ersten Kapitel des „Gallischen Krieges" weiß der Leser, dass Roms Luxusgüter die feindlichen Barbaren erschlaffen lassen.

Caesars Bestiarium I: Einhorn und Elch

Nachdem Caesar seinen Lesern die exotischen *Menschen* des Landes beschrieben hat, wartet er jetzt mit einem dreifachen *Bestiarium* auf. Hier gilt: Wenn rechts des Rheines einzigartige Menschen leben, müssen dort auch entsprechende Tiere vorkommen.

Über das ziegenartige Einhorn, das schon in den beliebten griechischen Reisebeschreibungen (4. Jh.) auftritt, wollen wir schmunzelnd hinweggehen und zu den größeren **„alces"** übergehen.

Man nimmt an, Caesar meint „Elche", die gewaltigste Hirschart, in Nordeurasien und im nördlichen Nordamerika beheimatet. Die Männchen werden bis zu drei Meter lang und 800 Kilo schwer. Man kann Elche zähmen und sogar reiten. Ihr mächtiges Schaufelgeweih könnte angesprochen sein, wenn Caesar sagt, sie hätten „stumpfe Hörner". Woher in Teufels Namen aber haben diese Tiere ihre gelenklosen Beine? Caesar hat womöglich einfach abgeschrieben:

> „Gewöhnlich schläft der Elefant, wenn er sattgefressen von der Weide kommt. Er macht dies aber anders als die übrigen Tiere. Er kann sich nämlich nicht niederknien… und so auf die Erde legen: Will er schlafen, lehnt er sich an einen Baum und schläft sich in dieser Lage aus. Der Baum … ist daher abgerieben und schmutzig … Finden sie (die Schwarzen) nun einen solchen Baum, sägen sie ihn unten am Stamm durch, und zwar so weit, dass er bei einem geringen Druck umstürzt … Am Abend kommt (dann der Elefant) … an den gewohnten Ruheplatz, lehnt sich mit seinem vollen Gewicht an (den Baum) und stürzt sofort mit dem Baum zugleich zu Boden."

So etwa schrieb der Grieche **Agartharchides** im 2. Jh. v. Chr. Sein Werk ist bis auf Zitate, die sich bei bei späteren Autoren finden, verloren gegangen. Unser Text stammt (im Original) von Diodoros (3, 27), der im 1. Jh. v. Chr. eine Weltgeschichte verfasste.

Doch damit nicht genug: Der Italiener **Leonardo da Vinci** (1452–1519) war nicht nur ein Gigant unter den Malern und Zeichnern, dazu Bildhauer, Ingenieur und genialer Erfinder; für Italiener ist er auch „ihr" Fabeldichter. Hier sein „Macli":

> „Im fernen Skandinavien lebte vor langer Zeit ein sehr seltsames Tier, das Macli genannt wurde. Es hatte die Gestalt eines Pferdes, war aber viel größer und unterschied sich von diesem durch einen besonders langen Hals und ebensolche Ohren. Es nährte sich von Gras, weidete jedoch im Rückwärtsgang, weil seine Oberlippe so weit herunterhing, dass diese, wenn es nach vorn gegangen wäre, das Gras bedeckt und das Maul verschlossen hätte.

> Es hatte die Beine aus einem Stück und musste sich deshalb, wenn es sich ausruhen wollte, an einen Baum lehnen. Es lief mit unglaublicher Geschwindigkeit, indem es die Beine gestreckt und gerade voranwarf. Die Jäger vermochten nicht, es zu fangen … Dieses seltsame und widerspenstige Tier war wirklich unerreichbar.

> In einer Mondnacht überraschten es einige Jäger im Schlaf und stellten staunend fest, dass es im Stehen schlief, weil es seine langen Glieder nicht abwinkeln konnte …

> Am nächsten Morgen sägten sie jenen Baum bis weit über die Mitte des Stammes an und verbargen sich zum Abend hinter den nahen Büschen. Nach Sonnenuntergang kehrte das Tier an seinen gewohnten Baum zurück. Es lehnte sich an, um zu schlafen. Der Stamm brach, das Tier fiel zu Boden, und die Jäger ergriffen es." (aus: B. Nardini / R. Hagelstange: *Tierfabeln des Leonardo da Vinci*, Bd. 2, Arena-Verlag Würzburg, o. J., S. 36)

Wer weiß, wo es sonst noch gelenklose Tiere gab, die auf so listige Weise gefangen wurden … Hier liegt ein literarisches „Wandermotiv" vor.

Bestiarium II (Auerochse)

Das gewaltigste Wild Germaniens aber ist – und da hat Caesar völlig recht – der Ur oder Auerochse. Dieser wird traditionell mit dem fast ebenso großen Wisent verwechselt, dem eurasischen „Bison". Wir dürfen daher davon ausgehen, dass mit **„uri"** beide Wildrinder zugleich gemeint sind.

Elefantengroß war der leider ausgerottete Auerochse zwar nicht, Stiere erreichten aber immerhin imposante Schulterhöhen von bis zu 2,20 m. Es waren rechte Ungetüme. Caesars Aussage, man könne sie nicht zähmen, darf man nicht vom biologischen Standpunkt her kritisieren: Die Auerochsen sind ebenso wild wie die Germanen, die auf sie Jagd machen, beide lassen sich nicht zähmen!

Es ist außerdem richtig, dass die Germanen **Trinkhörner** verwendeten. Ob man aber *nur* die der Wildrinder benutzte, ist zweifelhaft. Immerhin hatten die Auerochsen bis zu 80 cm lange Hörner: Da geht eine Menge germanisches Bier hinein … Und überhaupt: Trinkhörner dürften keine typisch „germanische" Erfindung sein. Im Grabmal des *Römers* C. Vestorius Priscus findet sich auf einem Wandgemälde sein silbernes Tafelservice verewigt, links und rechts von einem silbernen Trinkhorn flankiert. Da man es auf dem Tisch nicht mit der Spitze feststecken kann – Germanen könnten diese Hörner einfach in den Rasen gestoßen haben –, hat dieser Typ Trinkhorn ein Gestell, mit dessen Hilfe es stehen kann.

Doch zurück zum Wildrind: Der Auerochse war noch im frühen Mittelalter in Gallien-Frankreich anzutreffen. Sollte Caesar im Verlauf seines Krieges nie einen erblickt haben?! Außerdem haben die heutigen Biologen festgestellt, dass der Auerochse *doch* zähmbar war, ja, dass er der Stammvater des Hausrindes ist. Deshalb kann man sämtliche heutigen Rinderarten miteinander kreuzen. Weil aber der Auerochse irgendwie in jedem Hausrind versteckt ist, gelang es in den Zoos in München und Berlin, aus entsprechend „urigen" Tieren in mühevoller Arbeit das Bild des Auerochsen zurückzuzüchten. Mächtig beeindruckt steht man vor diesen Kolossen, doch verglichen mit dem ausgerotteten Tier sind die Rückzüchtungs-Ure immer noch rund 30 cm zu klein.

Mit dem Auerochsen schließt Caesars Germanen-Ethnographie. Über typisch germanische Pflanzen, die es sonst nirgendwo gibt, erfahren wir leider nichts … Humorlose Forscher übrigens wollen seit eh und je das lustige Bestiarium für eine spätere Hinzufügung, also für „unecht" erklären. Beweisen allerdings konnten sie dies nicht, zum Glück, möchte man meinen. Und wir wollen uns davon auf keinen Fall den Lektürespaß verderben lassen.

Caput septimum

Bemerkungen zur Komposition des 6. Buches

Auch der Text unseres siebten Kapitels ist aus dem sechsten Buch des Gallischen Krieges entnommen, in dessen Mitten die Gallier- und Germanen-Ethnographie steht. Vor dieser „Völkerkunde" schildert Caesar seinen Einschüchterungsversuch, indem er zum zweiten Mal den Rhein überquert. Doch rasch zieht er sich ins allenthalben brodelnde Gallien zurück, lässt aber den größten Teil der Brücke samt drohendem Turm stehen. Auf diesem Höhepunkt der Spannung wechselt er geschickt das Thema und schildert uns die mores Gallorum Germanorumque (unser Caput sextum).

Ohne gute Reiterei kein Ende des Krieges in Sicht

Danach gibt er unumwunden zu, dass der Brückenbau nichts gebracht hat: Das kleine Völkchen der Sugambrer schickt Ross und Reiter über den Rhein, die „Caesars" Gallien ausplündern sollen. Und so müssen wir uns diese Wilden vorstellen: bärtige Männer, womöglich mit nacktem Oberkörper, sonst in engen Röhrenhosen steckend. Sie sitzen auf pfeilschnellen Kleinpferden und reiten wie der Teufel! Nicht viel hätte gefehlt, und diese wüsten Krieger hätten Caesar den gesamten Tross geraubt: eine Katastrophe! Nur mit Mühe und unter beträchtlichen Verlusten kann sich das Lager halten. Und warum zittern die erfahrenen Legionäre so ums nackte Leben, dass sie kaum die Kraft zum Dreinschlagen finden? Caesar gibt selbst die Antwort: weil *er persönlich* nicht da ist. Ohne ihn hat man eine unsägliche Angst vor den Germanen. Ob das stimmt? Oder übertreibt Caesar hier die eigene Wichtigkeit? Caesar jedenfalls, der gewiss die schnellste Fußtruppe aller Zeiten hat, ist dem raschen Vordringen der Reiter nicht mehr gewachsen. Man muss es nur den Galliern sagen, dass Caesar mit groß angelegten reiterlichen Aktionen zu Tode gehetzt werden kann. Was wenige Germanen „im Ausland" zustande bringen, müssen hunderttausende Gallier im eigenen Lande *auch* können …

Wie geschickt uns Caesar damit auf das kriegsentscheidende siebte Jahr des Gallischen Krieges vorbereitet hat, werden wir bald sehen.

Caput octavum

Die Lage zu Beginn des 7. Jahres. Der „Verräter" Acco

Caesar hat jetzt einen Krieg hinter sich, der fünf überaus erfolgreiche Jahre hatte, im sechsten aber wenig befriedigend verlaufen ist. Die beutelustigen Sugambrer haben ihn regelrecht „vorgeführt" und überall drohen gallische Erhebungen. Wie das? Fünf Jahre lang konnte Caesar doch die Gallier beliebig gegeneinander ausspielen. Nun, Caesar hat psychologische Fehler gemacht, insbesondere als er gegen Ende des sechsten Jahres den vermeintlichen Verräter Acco auf bestialische Weise zu Tode peitschen und köpfen ließ. Seine eigene Darstellung dazu klingt harmlos (6, 44, 1–2):

> „Caesar führte das Heer nach D., einer Stadt der Remer. Dorthin hatte er einen gallischen Landtag einberufen und fing nun an, über die Verschwörung der S. und C. eine Untersuchung zu führen. Über den Urheber dieses Planes, Acco, fällte Caesar ein hartes Urteil: Er ließ ihn nach althergebrachter Sitte hinrichten."

Diese Grausamkeit an einem „Freiheitskämpfer" hat sozusagen das Fass zum Überlaufen gebracht: Nach fünf bis sechs Jahren Krieg haben die Gallier allmählich begriffen, dass die Römer sie als *ein Volk* ansehen, ein Volk, das in das Imperium Romanum eingegliedert werden soll. Mit seinem Gallischen Krieg hat Caesar innerhalb der bisher zerstrittenen und diffusen Stämme Galliens allmählich ein „Wir-Gefühl" entstehen lassen.

Caesar allein gegen alle

Die Folge dieses Umdenkens ist die gemeinsame Front aller Gallier gegen Caesar. Sogar von den treuesten der Treuen, den Häduern, wird er im Stich gelassen, und es folgt der historische Auftritt des Vercingetorix: Gallien findet den charismatischen Führer, der das *Volk der Gallier* – jetzt darf man sie vielleicht so nennen – auch militärisch eint.

Vercingetorix

Vercingetorix erkennt bald die Überlegenheit der römischen Infanterie an. Gegen sie haben die schlechter ausgebildeten Gallier keine Chance. Mit klarem Blick aber sieht er, wie schwach Caesars Reiterei ist, insbesondere, als die Häduer ihre Kontingente dem „Befreiungskrieg" zur Verfügung stellen und damit die Fronten wechseln. Caesar soll nun in der Weite Galliens durch gallische Reiter von jeglichem Proviant abgeschnitten und regelrecht ausgehungert werden. Dazu muss man auch von der Taktik der *verbrannten Erde* Gebrauch

machen. Und diese Taktik geht auf, auch wenn bei einem wichtigen Gefecht Caesar erst-
mals seine neue germanische Reitergarde siegreich ins Gefecht wirft, den Galliern zur War-
nung.

Vercingetorix vor dem Sieg

Obwohl also die Zeit auf gallischer Seite ist, umzingelt Vercingetorix voller verfrühter Sie-
gesfreude Caesars Armee. Sie ist auf dem Rückzug und schleppt alle ihre Habe mit sich,
gewiss kein glänzendes Bild ... Die gallischen Reiter wollen nun die römische Armee durch
die Wucht der Pferde über den Haufen rennen und danach wohl niederstechen. Was Vercingetorix offenbar noch nicht wusste: Caesar hatte seine berittene germanische Elitetruppe
mittlerweile erheblich aufgestockt. Und diese Germanen wirft er, als das Gefecht hin und
her wogt, plötzlich stoßtruppartig ins Gefecht. Dem sind die Gallier nicht gewachsen, und
alles flieht nach Alesia.

Vercingetorix hatte die *Geduld* gefehlt, in Ruhe auf die Ermattung der Römer zu warten.
Ihm ist es ähnlich ergangen wie einst einem römischen Kommandeur, der die Geduld verlor und Hannibal zur Entscheidungsschlacht bei Cannae „einlud".

Kampf bei und um Alesia

Der nächste taktische Fehler: Vercingetorix lässt sich in Alesia völlig einkesseln, statt sich in
Galliens Weite zurückzuziehen und einen neuen Anlauf zu nehmen. Im Belagerungskrieg
aber sind Caesars Legionäre unschlagbar: Der innere Wall schnürt die Stadt ein, der äußere
wehrt die von ferne herannahenden Hilfstruppen ab. Wieder wartet Caesar mit dem Einsatz der Reiter, bis sich die Legionäre fast völlig erschöpft haben. Aber auch die Gallier auf
beiden Seiten der römischen Befestigungen sind am Ende ihrer Kräfte. In diesem Augen-
blick schickt Caesar seine ausgeruhte Reiterei aus germanischen und gallischen Söldnern vor
und beendet schlagartig den letzten Funken gallischen Widerstandes.

Caesar, der bessere Taktiker

Gegenüber den ersten sechs Kriegsjahren hat Caesar im siebten eine völlig neue Taktik
– höchst erfolgreich – gewählt: Traditionell setzte er seine *gallische* Reiterei als „Wellenbre-
cher" ein, um nach deren erwarteteten Flucht mit der Infanterie zu siegen. Dann darf die
Reiterei wieder kommen, Fliehende verfolgen und niedermachen. Caesars Reiter sind aber
allzeit ein Unsicherheitsfaktor, denn sie kämpfen gegen ihre „Landsleute". Jetzt aber hält er
seine durch *germanische* Söldner erheblich zuverlässiger gewordene Reiterei lange zurück,
schickt sie dann stoßtruppartig im entscheidenden Moment des Gefechtes nach vorn an die
Front. Ausgeruht stürzen sie – d. h. vor allem seine Germanen – über den geschockten Feind.

Das bittere Ende des Freiheitskämpfers

Was tun jetzt die geschlagenen Gallier: Man zerstreut sich in alle vier Winde, und die
ausgehungerte Stadt Alesia muss Vercingetorix ausliefern. Ihm blüht das Schicksal der
prominenten Kriegsgefangenen: Die Henker warten in Rom auf ihn in den unterirdischen
fensterlosen Gewölben des *Tullianum*, dort, wo man rund 60 Jahre zuvor den Numider-
könig Jugurtha nackt und misshandelt hatte verhungern lassen.

COLLOQUIUM DIDACTICUM

Caesarlektüre muss sich nicht im mühevollen Übersetzen des „Bellum Helveticum" erschöpfen. Dafür, das Geschehen und seine Darstellung in Zusammenhängen zu betrachten, bietet jetzt Band 3 der Reihe „Colloquium didacticum" Unterstützung

Bernd F. Schümann

Caesar und die Gallier
Begleitbuch zur Lektüre des Bellum Gallicum
104 Seiten, flexibler Einband
3-12-613300-2

Caesar und die Gallier
von Bernd F. Schümann vermittelt knapp und anschaulich einen Fundus an Informationen zum „Bellum Gallicum":

● zum Schauplatz („Gallia") und den involvierten Völkern,
● zur politischen Ausgangs-situation beider Seiten,
● zu Caesars Darstellungs-weise,
● zu Realien.

Das praktische kleine Handbuch für die Vorbereitung des Unterrichts wie auch von Schülerreferaten.

Ernst Klett Verlag
Postfach 10 60 16, 70049 Stuttgart